FLOWERS COME HOME

FLOWERS COME HOME
감각 있는 공간을 만드는 MELT의 홈 드레싱 플라워

1판 1쇄 인쇄 2018년 6월 19일
1판 1쇄 발행 2018년 6월 25일

지은이	김신정
펴낸이	김기옥

실용본부장	박재성
편집	이나리, 손혜인, 박인애
영업	김선주
커뮤니케이션 플래너	서지운

지원	고광현, 김형식, 임민진
인쇄·제본	민언프린텍

펴낸곳　　한스미디어(한즈미디어(주))
주소 121-839 서울시 마포구 양화로 11길 13(서교동, 강원빌딩 5층)
전화 02-707-0337 | 팩스 02-707-0198 | 홈페이지 www.hansmedia.com
출판신고번호 제313-2003-227호 | 신고일자 2003년 6월 25일

ISBN 979-11-6007-275-4 (13630)

책값은 뒤표지에 있습니다.
잘못 만들어진 책은 구입하신 서점에서 교환해 드립니다.

FLOWERS
COME HOME

향기 있는 공간을 만드는
MELT의 홈 드레싱 플라워

글 · 사진 김신정

FLOWER ARRANGEMENTS AT HOME
BASIC STEPS & TECHNIQUES BASIC STEPS + FLOWER ARRANGING TECHNIQUES
HOW TO ARRANGE FLOWERS SINGLE FLOWER ARRANGEMENTS + MIXED FLOWER ARRANGEMENTS
GARDENING AT HOME TERRACE GARDENING + MUM'S GARDEN
FLOWERS ON MY WAY N.Y. + SAN FRANCISCO + SAN DIEGO + PALM SPRINGS + ALBA + HANOI + L.A.

- CHAPTER 01 -

BASIC STEPS & TECHNIQUES

플라워 기초 지식 BASIC STEPS / 9
기본 어레인지 테크닉 FLOWER ARRANGING TECHNIQUES / 25

- CHAPTER 02 -

HOW TO ARRANGE FLOWERS

싱글 플라워 어레인지먼트 SINGLE FLOWER ARRANGEMENTS / 43
믹스 플라워 어레인지먼트 MIXED FLOWER ARRANGEMENTS / 107

- CHAPTER 03 -

GARDENING AT HOME

테라스 가드닝 TERRACE GARDENING / 185
엄마의 정원 MUM'S GARDEN / 217

- CHAPTER 04 -

FLOWERS ON MY WAY

뉴욕 NEW YORK / 236

샌프란시스코 SAN FRANCISCO / 252

샌디에이고 SAN DIEGO / 264

팜 스프링스 PALM SPRINGS / 268

알바 ALBA / 274

하노이 HANOI / 278

로스엔젤레스 LOS ANGELES / 286

- EPILOGUE -

FLOWERS COME HOME

BASIC STEPS & TECHNIQUES

CHAPTER 01

BASIC STEPS

TOOLS

도구

—

제가 처음 꽃에 관심을 가지기 시작했을 무렵에는 마땅한 도구를 갖추고 있지 않아서, 집에 있는 가위로 대충 꽃대를 자르고 물병에 꽂아두거나 부케를 만들곤 했어요. 그러다가 점점 꽃에 대해 공부하면서 보다 용도에 맞는 도구를 찾아보게 되었습니다. 아무래도 그냥 가위보다는 꽃가위가 더 쓰기에 편하고, 이제는 꽃가위보다 꽃칼을 사용하는 게 더 편합니다. 가지가 굵은 소재의 경우에는 꽃칼보다는 꽃가위가 더 편리하고요.

꽃칼을 사용할 때는 자칫 다칠 위험이 있으니 늘 조심하며 다루어야 합니다. 새로운 도구를 사용하면 익숙해지는 데 시간이 조금 걸리긴 하지만 여러 번 사용하고 연습하다 보면 곧 익숙해집니다. 자신에게 맞는 도구를 선택해 길들여보세요.

TOOLS

1. 접이식 꽃칼 : 플라워 스쿨에서 처음 접했던 빅토리녹스 접이식 꽃칼은 사용하지 않을 때도 접어놓을 수 있어 휴대하며 쓰기에 좋습니다.

2. 침봉 : 접시나 사기그릇을 활용한 센터피스에 주로 사용합니다.

3. 리스형 플로랄폼 : 리스형 플로랄폼은 생화나 드라이플라워를 활용해 웰컴 리스나, 행잉 리스, 캔들 리스 등을 만들 때 주로 사용합니다.

4. 그물형 플로랄폼 : 그물형 플로랄폼은 폼 바깥에 그물이 감싸고 있어 플로랄폼만 사용했을 때보다 꽃을 꽂았을 때 잘 빠지지 않고 꽃을 지탱해주는 힘이 좋습니다.

5. 꽃 테이프 : 완성된 꽃다발을 고정하기 위해 직접 묶어서 사용하거나, 꽃다발을 묶은 와이어를 감싸줄 때 사용합니다. 꽃 테이프는 팽팽하게 당기면 접착력이 생기는 테이프입니다. 식물 줄기의 색과 비슷한 녹색을 가장 많이 사용합니다.

6. 투명 테이프 : 화병에 와플 모양 혹은 십자 모양으로 틀을 잡아줄 때 사용합니다.

7. 치킨 와이어 : 화병 안에 꽃이 빠지지 않도록 고정시킬 때 사용합니다.

8. 리본 : 꽃다발을 묶어줄 때 사용합니다. 평소 마음에 드는 리본을 구비해두고 부케나 화기에 자유롭게 매치해보세요.

9. 꽃 수명연장제(flower food) : 화병에 꽃을 꽂을 때 꽃 수명연장제를 함께 넣어주면 꽃에 영양분이 잘 공급되고, 세균의 번식도 억제해줍니다.

10. 케이블 타이 : 플로랄폼을 사물에 고정시킬 때 사용합니다.

11. 와이어 : 화관이나 부토니에를 만들 때 사용하거나, 줄기가 연약한 꽃 줄기를 받쳐줄 때 사용합니다.

12. 꽃가위 : 꽃의 줄기를 자르거나 나뭇가지를 자를 때 사용합니다.

13. 꽃칼 : 일반적으로 시장에서 쉽게 구입할 수 있는 꽃칼은 손잡이 쪽이 길어 사용하는 데 편리합니다. 단점은 접을 수가 없기 때문에 작업 공간에 보관해두고 사용하는 게 좋습니다.

BASIC STEPS

꽃 기본 손질하기

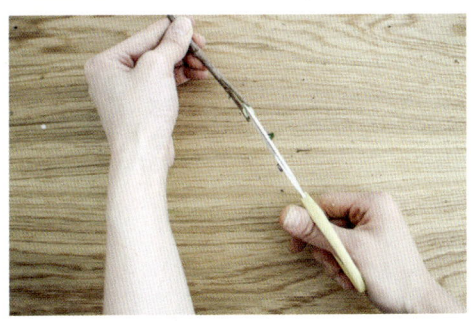

가지 손질하는 방법

-

시장에서 사온 꽃은 바로 손질을 해주어야 오랫동안 싱싱한 상태로 보관할 수 있습니다.

1. 굵은 줄기에 붙은 작은 가지들은 꽃가위로 잘라줍니다.
2. 식물을 꽂을 높이를 생각하며 가지 아랫부분을 알맞은 길이로 잘라줍니다.
3. 가지가 물을 잘 흡수할 수 있도록 잘라진 아래쪽 가지를 다시 반으로 잘라줍니다.

BASIC CARE

장미 손질하는 방법(꽃가위)
-
가장 간편하게 장미를 손질할 수 있는 방법입니다.

1. 꽃가위를 사용해 줄기에 붙은 잎을 제거해줍니다.
2. 줄기를 알맞은 길이로 잘라줍니다.

BASIC STEPS

BASIC CARE

장미 손질하는 방법(꽃칼)

-

꽃가위를 이용해 장미를 손질하면 잎과 줄기는 쉽게 정리할 수 있지만 가지에 가시가 있는 경우 정리하기가 다소 번거로워집니다. 이럴 때 꽃칼을 이용해 한번에 정리해주면 간편한데요, 칼이 위험하니 늘 조심해서 다루어 주세요.

1. 장미 줄기를 일자로 세운 뒤 꽃 머리 아래쪽 줄기를 잡은 다음,
꽃칼을 이용해 잎을 먼저 제거해줍니다. 그 다음 위쪽에서 아래쪽으로
칼을 쓸어내려 가시를 빈틈없이 제거해줍니다.
이렇게 가시를 먼저 정리해야 장미의 줄기를 손으로 잡을 때 편리합니다.
2. 꽃칼을 이용해 아래쪽 줄기를 자를 때는 왼손으로 줄기를 잡고 오른손에 칼을 잡은 다음,
왼손은 위쪽 방향으로 오른손은 아래쪽 방향으로 밀어서 잘라줍니다.

꽃칼은 사용하다가 다칠 위험이 있으니 늘 조심해야 하며,
초보자라면 꽃가위에 먼저 익숙해진 다음 꽃칼을 쓰는 것을 추천합니다.

CONDITIONING

컨디셔닝

–

컨디셔닝이란 시장에서 구매한 꽃이 물을 잘 흡수하고 좋은 상태로 보존될 수 있도록 정리해주는 것을 말합니다. 보통은 꽃 줄기의 잎을 정리하고 밑단을 자른 뒤, 깨끗하고 신선한 물을 화병에 담아 꽂아만 두어도 되지만 몇 가지 꽃은 특별한 주의가 필요합니다.

· 튤립 : 튤립 줄기는 곡선을 그리는 경향이 있어요. 시장에서 구매한 꽃이 일직선이라면 상관이 없지만 혹시 곡선을 그리고 있다면 다발을 신문지나 크래프트 종이에 말아 테이프나 핀으로 고정시킨 뒤 차가운 물에 넣어줍니다. 이렇게 하면 다시 줄기가 직선으로 펴집니다.

· 헬레보루스 : 헬레보루스는 열처리를 해주면 더욱 오래 볼 수 있습니다. 뜨거운 물을 담을 만한 용기를 준비한 뒤 뜨겁게 끓인 물을 용기에 4cm 가량 부어줍니다. 헬레보루스의 줄기 밑단을 자르고, 20~30초 정도 물에 담가줍니다. 이때 꽃이 익지 않도록 조심해주세요. 열처리를 끝낸 꽃은 다시 화병에 차가운 물을 채워준 뒤 생화 수명연장제를 넣고 꽂아줍니다.

· 양귀비 : 양귀비는 줄기를 불에 태워주는 방식으로 컨디셔닝을 합니다. 줄기 끝부분을 태워주면 양귀비의 수명이 늘어납니다. 먼저 신선하고 미지근한 물을 화병에 담아줍니다. 양귀비의 줄기를 사선으로 잘라준 뒤 초나 라이터를 이용해 잘라준 줄기의 끝부분을 2~3초정도 태워줍니다. 태운 양귀비 줄기를 화병에 잘 꽂아줍니다.

· 장미 : 장미는 줄기와 함께 가시를 제거합니다. 신선하고 미지근한 물을 화병에 담고 잎과 가시를 제거한 장미를 꽂아줍니다.

· 그린 소재나 가지류 : 꽃가위로 가지의 밑 부분을 세로로 반을 잘라줍니다. 가지가 물을 잘 흡수할 수 있도록 꽃칼을 이용해 나무껍질을 살살 벗겨줍니다.

오랫동안 꽃을 보기 위한 관리 방법
-

· 각 꽃마다 피어나는 계절이 다르기 때문에 좋아하는 물의 온도도 다릅니다. 어떤 꽃은 따뜻한 물을 좋아하는가 하면 어떤 꽃은 시원한 물을 좋아하죠. 아마 태어난 계절에 따라 좋아하는 온도도 달라지는 것 같아요. 저는 보통 화병의 물을 미지근한 온도로 맞춘 다음 꽃을 꽂아주는데요. 차가운 물이 필요한 꽃을 쓸 때는 미리 준비해두었다가 꽃에 맞는 온도로 컨디셔닝을 해줍니다.

· 화병의 물은 신선한 물로 매일 갈아 주는 것이 좋습니다. 이때 꽃 수명연장제를 함께 넣어주면 꽃을 더욱 오래 볼 수 있어요. 물속에 잠긴 꽃의 가지들도 매번 다시 자르고 꽂아주면 더욱 싱싱하게 유지됩니다. 꽃시장에서 구매한 꽃을 컨디셔닝하기 전 화병에 넣어둘 때는 무조건 아래 부분을 자른 뒤에 물에 넣어주세요.

· 꽃을 오래 보기 위해서는 화병을 깨끗하게 유지하는 것도 중요합니다. 사전에 가지의 잎을 깨끗이 정리해 잎이 물에 들어가지 않도록 합니다. 그리고 꽃은 뜨거운 공기나 열기에 약하기 때문에 히터나 텔레비전 혹은 라디에이터가 있는 곳은 피해주세요.

FLOWER ARRANGING TECHNIQUES

VASE ARRANGEMENT

나선형 화병 꽂이

—

줄기를 잘 정돈하여 화병에 꽂아야 투명한 화병에 꽂힌 꽃이 아름다워 보입니다.

1. 먼저 한 송이를 12시 방향으로 꽂아줍니다.
2. 반시계 방향으로 차근차근 꽃을 추가해주는데, 이때 1번째 줄기 바깥쪽으로 꽂아줍니다.
3. 2번과 같은 방법으로 꽃을 계속 추가해줍니다.

꽃의 양과 상관없이 한 방향으로 꽂아주면 깔끔한 나선형 화병 꽂이가 완성됩니다.

VASE ARRANGEMENT

FLOWER ARRANGING TECHNIQUES

FLORAL FORM

플로랄폼 활용하기

—

플로랄폼은 형태가 있는 화기에 꽃을 꽂거나 리스를 만들 때 사용합니다. 시중에서 다양한 형태로 판매하고 있어 리스형 플로랄폼, 그물형 플로랄폼, 사각형 플로랄폼 등 용도에 맞게 구입하여 사용하면 됩니다. 플로랄폼을 사용할 때는 먼저 신선하고 깨끗한 물에 폼을 담가 물이 충분하게 흡수되도록 합니다.

1. 용도에 맞는 플로랄폼을 준비합니다. 양동이나 넓이가 큰 그릇에 신선한 물을 채워줍니다.
2. 플로랄폼을 담가줍니다. 이때 손으로 플로랄폼을 누르지 않도록 주의합니다.
3. 플로랄폼이 물을 흠뻑 머금어 물속으로 가라앉으면 꺼내서 사용합니다.

와플 테이프 활용하기

—

와플 테이프는 입구가 넓은 화병을 사용할 때 꽃이 잘 빠지지 않고 고정되도록 치킨 와이어 대신에 간편하게 사용할 수 있는 방법입니다.

1. 화병과 투명 테이프를 준비합니다.
2. 투명 테이프를 화병의 가운데 부분부터 붙여줍니다.
3. 모서리 부분은 칼이나 가위를 이용해 잘라주면 되는데,
테이프를 가장자리로부터 길게 자르지 않아야 테이프가 눈에 띄지 않습니다.
4. 같은 방법으로 1cm 간격으로 아래쪽과 위쪽에 테이프를 붙여줍니다.
5. 화병의 방향을 돌려서 2~4번 과정을 반복합니다.
6. 투명 테이프가 붙혀진 화병을 테이프가 떨어지지 않도록
가장자리를 테이프로 돌려가면서 감아주면 완성입니다.

WAFFLE TAPE

FLOWER ARRANGING TECHNIQUES

CHICKEN WIRE

FLOWER ARRANGING TECHNIQUES

치킨 와이어 활용하기
—

치킨 와이어는 컴포트 센터피스나 입구가 넓은 화병 등 와플 테이프처럼 꽃을 화병에 고정해주는 용도로 사용합니다.

1. 치킨 와이어, 투명 테이프, 화병을 준비합니다.
2. 치킨 와이어를 타원형으로 말아 화병에 잘 들어갈 수 있도록 만들어줍니다.
3. 타원형으로 말린 치킨 와이어를 화병 안에 넣어줍니다.
4. 투명 테이프를 십자 모양으로 붙여 치킨 와이어가 화병에서 빠지지 않도록 합니다.
5. 화병 가장자리를 테이프로 다시 한번 감아서 십자 테이프가 떨어지지 않게 고정해주면 완성입니다.

CHICKEN WIRE

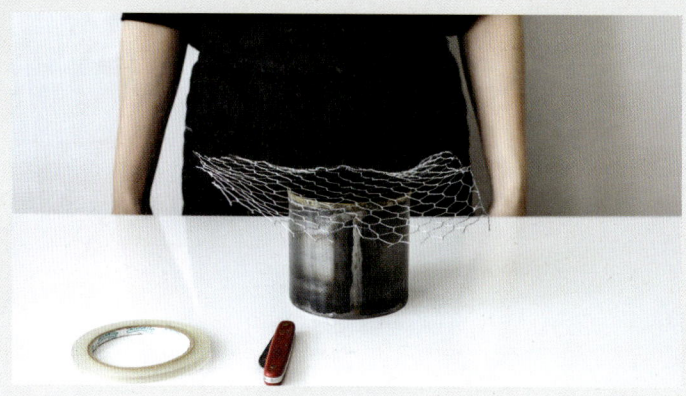

FLOWER ARRANGING TECHNIQUES

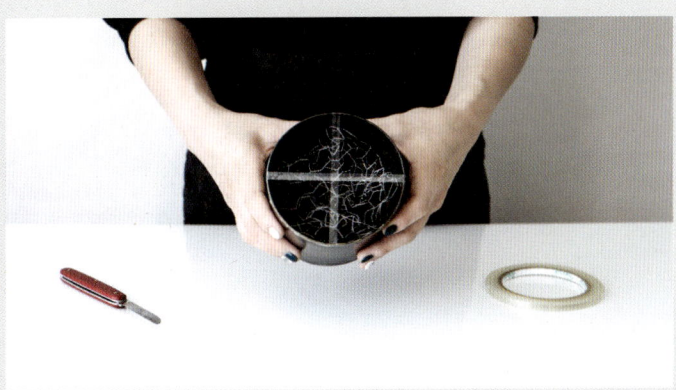

HOW TO
ARRANGE FLOWERS

SINGLE FLOWER ARRANGEMENTS

THRYPTOMENE

쓰립토메인

—

봄이 오면 겨우내 추위에 떨던 나뭇가지에 올망졸망한 꽃봉오리가 맺히고 잠에서 깨어난 어여쁜 꽃들이 기지개를 펴며 또 다른 한 해가 시작된 것을 알려줍니다. 많은 사람들이 꽃구경을 하기 위해 거리로 나오고 연인들은 꽃길을 걸으며 사랑을 확인하기도 하죠.

초봄에 꽃시장에 가면 봉오리진 개나리, 진달래, 매화 등 다양한 소재의 가지류를 쉽게 찾아 볼 수 있는데, 혹여나 봄에 그 꽃들을 놓치고 말았다면 여름쯤부터 시장에서 쉽게 볼 수 있는 관목 종류인 쓰립토메인은 어떠신가요?

이 꽃의 원산지는 호주인데 작은 꽃송이들이 가지 사이사이에 촘촘히 피어 있는 게 아기자기하니 귀엽고 사랑스러운 소재예요. 크게 어려움 없이 가지 손질을 할 수 있을뿐더러 아무 용기에 턱하니 꽂아놓아도 집안 분위기가 밝아지니 시장에서 쓰립토메인을 발견한다면 주저 없이 집으로 데려와 화병에 꽂아보세요.

저는 항아리 모양의 화병을 준비해 가지를 꽂아 두었는데, 우리나라 전통적인 꽃은 아니지만 고즈넉한 분위기가 집안을 감싸주는 듯합니다.

INGREDIENTS
쓰립토메인 1단, 항아리 모양 도자기 화병 또는 유리 화기

THRYPTOMENE

1. 깨끗한 화병을 준비한 뒤 물을 채워줍니다.
2. 화병에 물을 담을 때 생화 수명연장제를 함께 넣어줍니다.
3. 화병에 쉽게 가지를 꽂기 위해 꽃가위나 꽃칼을 이용해 잔가지와 잎을 제거합니다.
4. 양쪽을 대칭으로 하여 가지를 하나씩 꽂아줍니다. 양끝에 들어가는 가지는 중간에 꽂은 가지보다 긴 것으로 채워서, 중간 부분이 답답하지 않고 여백이 느껴지도록 합니다.

SINGLE FLOWER ARRANGEMENTS

집에 도자기 화병이 없다면 유리 화병이나 투명한 음료수 병 등
화병에 구애받지 않고 꽂아도 잘 어울릴 것 같아요.
제가 구매한 쓰립토메인은 시장에서 핑크색 염료에 담가져 있어서인지
도자기 화병에 꽂기 전 유리 화병에 잠깐 담가뒀더니 물이 핑크색으로 물들었어요.
인위적인 느낌이 조금 들기는 했지만 꽃송이와 잘 어울리는 핑크색이라 그런지
거부감 없이 보기 좋았습니다.

EUCALYPTUS

SINGLE FLOWER ARRANGEMENTS

유칼립투스
-

특별한 스킬 없이도 근사하게 테이블을 연출하고 싶을 때, 저라면 두 번 생각하지 않고 유칼립투스를 고를 거예요. 꽃을 좋아하지만 매일매일 갈아줘야 하는 물이 번거롭다거나 시들어가는 꽃을 보기가 힘들다면 유칼립투스를 화병에 꽂아 간단하게 집에 활기를 더해보세요.

유칼립투스는 물만 잘 갈아줘도 신선한 상태로 오랫동안 유지되지만 혹시 물갈이가 번거롭거나 어려운 상황이라면 물 없이 화병에 꽂아 두고 그대로 말려도 멋스럽습니다. 꽃시장에 가면 다양한 종류의 유칼립투스가 있는데요, 저는 이번에 잎이 크고 줄기가 꼿꼿한 수입 유칼립투스를 구매했습니다.

INGREDIENTS
유칼립투스 1단, 길이가 다른 유리 화병 2~3개

EUCALYPTUS

1. 유칼립투스는 손질하기가 쉬운 소재입니다. 꽃가위나 꽃칼을 이용해
가지를 잘라준 뒤 아래쪽 줄기에 붙은 잎들을 깔끔하게 떼어냅니다.
잎이 물에 들어가면 쉽게 부식되기 때문이에요.
2. 깨끗한 화병 2~3개에 신선한 물을 채워줍니다.
화병에 물을 담을 때 생화 수명연장제를 함께 넣어줍니다.
3. 손질한 유칼립투스는 가지를 사선 방향으로 잘라주세요.
준비한 화병에 2~3개씩 줄기를 알맞게 꽂아주면 완성입니다.

유칼립투스 1단의 양은 넉넉하지만, 저는 깔끔하고 심플한 느낌을 살리고 싶어서
화병에 줄기를 꽉 채우지 않고 일부러 멋스럽게 몇 줄기만 꽂아주었습니다.
유칼립투스는 향기도 좋을뿐더러 벌레 퇴치에도 탁월하다고 해요.
장식하고 남은 유칼립투스는 다른 화병에 채워 방 이곳저곳에 놓아두어도 좋을 것 같아요.
꽃꽂이에 관해 전혀 모른다고 해도 두려워하지 말고 일단 한번 따라해보세요.
유칼립투스 가지를 활용하면 누구나 간단하고 멋스럽게 공간을 장식할 수 있습니다.

SINGLE FLOWER ARRANGEMENTS

SEED EUCALYPTUS WREATH

유칼립투스 리스

—

'리스'는 주로 현관문에 걸어두는 웰컴 리스로 쓰거나 빈 벽을 장식할 때 활용하곤 합니다. 그래서 이번 에피소드에서는 평범한 리스의 쓰임새가 아닌 로맨틱한 테이블 연출을 할 수 있는 캔들 리스를 만들어보려고 합니다.

이 리스는 소재 관리도 쉽고 시간이 지나면 자연스럽게 말라서 오랫동안 보관할 수 있는 유칼립투스로 만들었는데요. 특별한 날 테이블 위에 캔들 리스만 올려놓아도 따뜻하고 낭만적인 분위기를 연출할 수 있어요.

INGREDIENTS

유칼립투스 1단, 시드 유칼립투스 1단, 리스형 플로랄폼 1개,
크기가 다른 양초 2~3개

SEED EUCALYPTUS WREATH

1. 리스를 만들 플로랄폼을 준비합니다. 먼저 신선한 물에 플로랄폼을 담가줍니다.
   플로랄폼이 물을 흠뻑 머금어 물속으로 가라앉으면 꺼냅니다.
2. 유칼립투스 가지는 10cm 내외의 적당한 길이로 잘라줍니다.
3. 길이를 자른 유칼립투스의 아래쪽 잎을 깨끗하게 떼어주세요.
4. 플로랄폼에 유칼립투스의 줄기를 바깥쪽에서부터 안쪽으로 채워줍니다.
   이때 가지의 방향을 한쪽 방향으로 채워나가야 선이 예뻐요.

SINGLE FLOWER ARRANGEMENTS

5. 플로랄폼의 안쪽까지 꼼꼼하게 잎을 꽂아서 면적을 채워줍니다.
그렇지 않으면 듬성듬성 플로랄폼이 보여서 완성도가 떨어지게 됩니다.
6. 마지막으로 열매가 달린 시드 유칼립투스 가지를 사이사이에 꽂아
리스의 질감을 풍성하게 만들어줍니다.
7. 완성된 리스 안쪽으로 크기가 다른 양초를 채워주세요.

완성된 캔들 리스를 테이블 위에 올려놓고 양초에 불을 붙인 뒤 친구가 도착하기만을 기다리는 이 시간이 소중하게 느껴집니다. 잔잔한 음악과 공기에 일렁이는 리스의 촛불이 마음을 평온하게 해주어서 온전히 친구와 나, 우리만을 위해 집중할 수 있는 작은 파티 같은 날이었습니다.

SINGLE FLOWER ARRANGEMENTS

초를 켜고 나서는 가급적 자리를 비우지 말고
잎사귀에 불이 붙지 않도록 조심해주세요.

LISIANTHUS

리시안셔스
–

제 옷장을 열어보면 색이 화려한 옷을 찾아보기가 힘든 편입니다. 평소에 모노톤을 좋아해서인지 집안에서도 의자며 테이블, 소파, 하물며 벽지까지 잿빛이 감도는 은은한 회색입니다.

이런 취향이다 보니 꽃시장에 가서 아무 생각 없이 꽃을 고르고, 둘둘 말린 신문지를 집에 와서 풀어보면 제가 고른 꽃의 절반이 흰색일 때도 많아요. 새하얀 흰색 꽃은 어느 장소에 매치를 해도 잘 어우러지는 것 같습니다.

기품 있고 우아한 리시안셔스는 고요한 저희 집에 스며든 한 줄기 햇살처럼 따스하게 분위기를 녹여줍니다. '변치 않는 사랑'이라는 꽃말처럼 수명 또한 길어서 물 관리만 잘 해준다면 2~3주 정도는 아름다운 리시안셔스와 함께 생활할 수 있답니다. 리시안셔스는 가시가 없어 손질하는 방법도 간단하고 줄기도 단단해서 초보자도 쉽게 화병 꽂이를 할 수 있어요.

INGREDIENTS
흰색 리시안셔스 1단, 유리 화병

1. 깨끗한 화병을 준비한 뒤 신선한 물을 채워줍니다.
2. 화병에 물을 담을 때 생화 수명연장제를 함께 넣어줍니다.
3. 리시안셔스의 줄기 끝부분을 깨끗한 꽃칼을 사용해 사선 방향으로 잘라줍니다.
이때 줄기의 잎들도 깨끗이 제거해줍니다.
4. 리시안셔스 한 송이를 먼저 화병에 꽂아줍니다. 줄기가 일정한 방향으로 꽂힐 수 있도록
화병을 돌려가면서 시계 반대 방향으로 꽃을 채워줍니다.(27페이지 참조)

SINGLE FLOWER ARRANGEMENTS

보통 질감이 다른 여러 가지 소재를 투명한 화병에 한꺼번에 꽂아두면
지저분한 인상을 줄 때가 있는데, 이렇게 리시안셔스 한 가지 소재만 사용해 투명한
유리 화병에 꽂아놓으니 정렬된 줄기가 시원하고 깔끔한 느낌을 줍니다.
옅은 그레이색 소파 옆 흰색 스툴에 완성된 꽃을 올려다 놓았는데, 깨끗한 색감 때문인지
부드럽고 섬세한 리시안셔스 꽃의 모습이 한층 더 돋보이는 것 같아요.

*저는 자연스러운 느낌을 살리고자 줄기 윗부분에 잎을 한두 개쯤 남겨 두었는데
취향에 따라 완전히 제거해주셔도 됩니다.
*과일 근처에 리시안셔스를 두면 과일에서 배출된 에틸렌 가스로
꽃이 빨리 시들 위험이 있으니 조심해주세요.

SINGLE FLOWER ARRANGEMENTS

방크샤

—

이번 에피소드의 꽃은 프리저브드플라워 소재로 많이 사용되는 방크샤라는 식물입니다. 구글에 검색을 해보니 호주의 토종 식물로 덤불숲에서 쉽게 볼 수 있는데, 작은 동물과 새들에게 과즙과 보호용 은신처를 제공해주는 착한 식물이라고 합니다.

저는 이 소재를 꽃시장에서 보고 생화로 구매했는데, 집에 예쁜 화병이 있다면 방크샤 한 송이만으로도 이국적이고 독특한 분위기가 연출되는 것 같아요. 방크샤는 꽃 손질도 크게 할 것이 없으니 싱글 플라워 어레인지먼트 소재로 아주 제격인 듯합니다. 방크샤의 꽃은 크리미한 색감을 가지고 있어 같은 색감의 화병이나 투명한 유리 화병보다는 색감이 짙은 화병 혹은 도자기를 사용해주면 이국적인 매력이 더 돋보이는 것 같아요.

INGREDIENTS
방크샤 1송이, 짙은 녹색 화병

BANKSIA

1. 유리 화병을 깨끗이 씻고 신선한 물로 채워줍니다.
2. 화병에 물을 담을 때 생화 수명연장제를 함께 넣어줍니다.
3. 방크샤의 잎이 물에 잠기지 않도록 줄기에 있는 잎들을 깨끗하게 떼어주세요.
4. 꽃칼이나 꽃가위를 이용해 사선으로 줄기 밑을 잘라준 뒤 화병에 꽂아주면 됩니다.

방크샤의 얼굴은 양털 같은 부드러운 질감의 소재가 꽃을 감싸고 있는데
제가 어릴 때만 해도 쉽게 볼 수 없었던 식물입니다. 요즘은 SNS 등에서 방크샤를
활용해 공간을 꾸민 사진들을 쉽게 볼 수가 있는데요. 특별한 테크닉이 없어도
이국적인 분위기를 집안에서 즐길 수 있어 좋습니다.

아! 그리고 방크샤는 예쁘게 잘 말리면 드라이플라워로도 오래도록 볼 수 있어요.
시들기 전에 화병의 물을 버리고 잘 말려서 활용해보세요.
꽃을 꽂고 나니 때마침 패션 디자이너인 친구가 집으로 놀러왔는데,
이번에 막 런칭한 신상 셔츠를 들고 왔어요. 꽃과 셔츠의 색이 너무 고와서
화병에 셔츠를 입히고 함께 찍기도 했죠.

방크샤는 물을 많이 마시니 적어도 이틀에 한 번씩은
화병의 물을 갈아주어야 합니다.

TULIP

SINGLE FLOWER ARRANGEMENTS

별튤립
-

튤립하면 네덜란드, 네덜란드하면 튤립이 생각날 정도로 튤립은 네덜란드에서 특히 사랑받는 꽃입니다. 활짝 핀 튤립은 매혹적이면서 모던한 아름다움까지 갖추고 있지요. 뉴욕에서 꽃을 배우는 동안 다양한 꽃을 접했지만, 튤립이야말로 정말 짧은 시간 안에 우아하고 모던한 센터피스 디자인을 완성하게 하는 소재가 아닐까 생각해봅니다.

튤립은 다양한 종류의 색이 있지만 아니나 다를까 모노톤을 좋아하는 제가 선택한 꽃은 이번에도 여지없이 흰색 별튤립입니다. 별튤립은 꽃잎 가장 자리의 모양이 둥글지 않고 별처럼 뾰족한 모습이 특징이에요.

막 시장에서 구입해온 튤립은 가지가 휘어져 있거나 축 처져 있을 수 있는데 신문이나 크라프트 종이로 꽃을 감싼 뒤 차가운 물에 담가두면 구부러진 줄기를 평평하게 펼 수 있습니다.

INGREDIENTS

별튤립 1단, 투명한 유리 화병

1. 화병을 깨끗이 씻고 신선한 물로 채워줍니다.
2. 화병에 물을 담을 때 생화 수명연장제를 함께 넣어줍니다.
3. 튤립을 감싸고 있는 깨끗하지 않은 잎을 제거해주세요. 다른 소재와 함께 사용할 때는 잎을 완전히 제거하지만, 이렇게 튤립만 단독으로 사용할 때 저는 잎을 약간 남겨두는 것을 좋아합니다.

4. 튤립의 잎이 다 정리되면 꽃 머리를 기준으로 줄기를 모아 다발의 모양을 잡은 뒤 아랫단을 칼로 한 번에 잘라줍니다. 만약 시간 여유가 있다면 튤립 줄기를 각각 사선으로 자른 뒤 사용해도 됩니다.
5. 화병에 튤립 다발을 그대로 가져다 꽂아줍니다. 손으로 가지를 감싼 채 약간 비틀어주면 자연스럽게 나선형 모양으로 가지가 정리됩니다.

튤립은 매일 물을 갈아주고 줄기를 다듬어 서늘한 곳에서 보관하면
오랜 시간 우아한 모습을 즐길 수 있습니다.
이번 어레인지먼트는 5분도 채 걸리지 않은 것 같아요.
아주 쉽고 누구나 해볼 수 있는 화병 꽂이입니다.

물만 잘 갈아주면 2주는 아름다운 튤립의 얼굴을 볼 수 있어요.

제가 뉴욕에서 플라워 스쿨을 다닐 때 장미와 튤립을 첫 수업으로 배웠습니다.
완성된 튤립 화병을 집으로 들고와 선반 위에 올려두었죠.
좋아하던 매그놀리아 베이커리의 레드벨벳 컵케이크와 커피,
그리고 추억의 노란색 튤립.

RED BERRY BRANCH

SINGLE FLOWER ARRANGEMENTS

레드베리 가지
–

이번 에피소드에 사용할 소재는 레드베리 가지입니다.

꽃시장에 가서 레드베리라는 나뭇가지 한 단을 구매했어요. 작은 열매들이 가지에 옹기종기 붙어있는데 흰색에서 핑크색으로 변하는 건지 자연스럽게 물들어 있는 색이 너무 예쁘고 근사합니다.

이전 책에서 '만 원으로 꽃다발 만들기 프로젝트' 에피소드에 쓰려고 시장에서 이 가지를 구매한 적이 있었는데요. 그때는 베리의 매력을 충분히 활용하지 못한 것 같아 아쉬웠는데 오늘은 작은 화병에 심플하게 꽂아보려고 합니다. 가지에 달린 베리는 무게가 있어서 화병에 꽂아두면 자연스럽게 우아한 곡선을 이룹니다.

INGREDIENTS
레드베리 가지 1단, 투명한 유리 화병

RED BERRY BRANCH

1. 이번에 쓴 화기는 요리에 사용하고 남은 정종 유리병이에요. '백화수복'이라는 이름의 정종인데요.
이렇게 작은 사이즈로도 시중에서 살 수 있습니다.
다 쓰고 남은 병을 버리자니 모양이 예쁘고 사이즈도 알맞아 집에 보관하고 있었는데,
마침 오늘 소재에 알맞은 화병을 찾던 중 여기에 베리를 꽂아 보니 너무 예뻐서 선택하게 되었어요.
2. 꽃가위로 베리 가지를 자르고, 하나를 화병에 사선으로 꽂아 주세요.
3. 다른 방향으로 하나 더 꽂아주면 완성됩니다.

SINGLE FLOWER ARRANGEMENTS

RED BERRY BRANCH

SINGLE FLOWER ARRANGEMENTS

이번 에피소드는 가지 소재를 활용한 정말 심플한 화병 꽂이입니다.
간단하게 누구나 할 수 있어서 더 좋은 것 같아요.
핑크색 베리 가지를 꽂은 병은 주방 한쪽에 올려놓아도 좋고,
창가에 올려놓아도 햇살에 비친 화병의 모습이 너무 예뻐요.

RANUNCULUS

라넌큘러스
-

부드러운 꽃잎이 수없이 겹쳐 있는 여성스럽고 섬세한 모습의 라넌큘러스. 일 년 중 시장에서 만날 수 있는 시기는 보통 늦겨울에서 이른 봄 사이입니다. 시장에서 사온 꽃이 피지 않아 봉오리진 라넌큘러스도 깨끗한 미온수에 하루 정도 담가두면 다음날 풍성하게 피어난 꽃을 만날 수 있어요.

라넌큘러스 줄기의 속은 비어 있기 때문에 실수로라도 줄기에 압력이 가해지면 잘 구부러집니다. 그래서 꽃을 손질할 때 아주 조심히 다루어주어야 해요.

히스 세라믹Heath Ceramic에서 구매한 작고 귀여운 핑크빛 화병에 꽂아두면 너무 예쁠 것 같아서 이번에는 연한 핑크색의 라넌큘러스를 시장에서 구매했습니다. 이 화병은 입구가 작아서 많은 꽃송이를 넣을 수는 없지만 초보자에게는 유리 화병보다 속이 보이지 않는 화병이 때로는 더 좋아요. 화병 꽂이는 나선형 모양으로 꽃대를 맞추어 꽂아주지 않으면 자칫 지저분해 보일 수 있는데, 불투명한 화병은 가지의 모양을 볼 수 없으니 부담을 덜고 원하는 모양으로 꽂을 수 있습니다.

INGREDIENTS

연핑크색 라넌큘러스 1단, 도자기 화병

RANUNCULUS

1. 화병을 깨끗이 씻고 미온수의 신선한 물로 채워줍니다.
2. 화병에 물을 담을 때 생화 수명연장제를 함께 넣어줍니다.
3. 라넌큘러스 줄기의 잎을 깨끗이 제거한 다음 물에 꽂아주어야 줄기가 박테리아에 부패되지 않아요. 깨끗한 꽃가위나 꽃칼을 이용해 줄기를 대각선으로 잘라준 뒤 화병에 꽂아주세요.
4. 화병이 작다고 무턱대고 줄기를 짧게 자르면 나중에 줄기가 화병의 높이보다 짧아질 수 있으니 화병의 높이를 고려해가며 조금씩 잘라줍니다.
5. 완성된 꽃은 이틀에 한 번씩 수명연장제를 첨가한 미온수로 물을 갈아줍니다.

SINGLE FLOWER ARRANGEMENTS

RANUNCULUS

아침에 일어나 커피를 내린 뒤 거실로 나왔더니 커튼 사이로 비추는 햇살에
라넌큘러스가 반짝입니다. 그 순간을 놓치고 싶지 않아 얼른 카메라를 집어 들고
연신 셔터를 누르며 사진을 찍었습니다.
아침으로 준비한 빵도 담백하고 커피는 구수하니
매일이 오늘처럼 따스하고 포근하길 바라봅니다.

DAFFODIL

수선화
—

두 번째 책을 막 쓰게 되었을 무렵, 온전히 여행을 위해 뉴욕에 한 번 더 다녀왔습니다. 아찔할 만큼 춥고 목화솜처럼 커다란 눈송이가 하늘과 땅을 메우던 한겨울의 뉴욕은 거리 곳곳마다 꽃향기로 가득합니다.

특히 미드타운에 위치한 브라이언트 파크Bryant Park는 봄의 기운을 완연히 받은 듯한 노란색의 수선화들로 가득 차 있었습니다. 수선화 특유의 고급스럽고 깊은 향이 아직도 생생해 시장에 들러 수선화 한 단을 구매했습니다.

그러고 난 뒤 깊은 고민에 빠졌는데 '이 꽃을 어떻게 하면 우리 집에 더 잘 어울릴 수 있게 만들 수 있을까'였어요. 수선화 한 단은 그리 많은 양의 꽃이 아니라서 유리 화병에 꽂아두기엔 어딘가 아쉬움이 클 것 같았거든요. 그러던 중 시장 안에 있는 도자기 가게에 들러 아담한 크기의 사기그릇을 발견했습니다. 이런 사기그릇 도자기를 이용해 꽃꽂이를 할 때는 꽃을 고정시켜주는 침봉이 필요한데, 그릇의 안쪽 지름과 맞는 것을 구매하면 됩니다.

INGREDIENTS

수선화 1단, 꽃 침봉, 사기그릇

DAFFODIL

1. 사기그릇을 깨끗이 씻은 뒤 침봉을 안쪽에 고정시켜주고 시원하고 신선한 물을 2/3 정도로 채워줍니다.
2. 깨끗한 꽃칼을 이용해 줄기가 물을 잘 흡수할 수 있도록 45도 각도로 끝을 잘라준 뒤 침봉에 꽂아주세요.
3. 앞쪽에 꽂는 꽃은 줄기를 조금 짧게 잘라 뒤에 있는 꽃과 밸런스를 맞춰주면 완성됩니다.
4. 2~3일에 한 번씩 밑줄기를 다시 잘라 손질해주고 물도 갈아주면 좀 더 오래도록 꽃을 즐길 수 있습니다.

사기그릇에 꽂아 두니 동양적인 매력이 물씬 풍기는 모습이에요.
때마침 노란색 캔들이 집에 있어 사진을 같이 찍어 보았는데
수선화는 초봄에 피어나는 꽃이라 그런지 시원한 곳에 놓아두면
더 오랫동안 지속된다고 합니다.

양귀비

–

양귀비를 보면 저는 항상 모네의 그림이 생각납니다.

끝없이 펼쳐진 양귀비 들판에 엄마와 아이가 양산을 쓰고 산책을 하고 있는 모습을 담은, 인상파 화가 모네의 그림 〈개양귀비Coquelicots〉라는 작품이에요. 그림 속에 등장한 양귀비의 색은 오색찬란하니 화려하게 들판을 수놓은 듯한 모습이죠.

보통 한국의 꽃시장에서 양귀비를 구매하면 주황색, 노란색, 흰색 등의 꽃이 한 단에 랜덤으로 믹스된 채 진열되어 있어요. 이 양귀비 다발은 꽃이 피지 않고 복슬복슬한 잎으로 감싸진 봉우리 상태로 손님을 맞이합니다.

이렇게 포장된 양귀비 한 단을 구매해 집으로 데려와 화병에 꽂아두면, 매일 아침 봉우리에서 깨어난 꽃들이 저를 반겨줍니다. 아침에 어떤 색의 꽃이 피어나 있는지 보는 재미가 쏠쏠한데요, 일주일쯤 지나면 각각의 색을 뽐내며 화사하게 만개한 꽃을 볼 수 있습니다.

INGREDIENTS

믹스 컬러 양귀비 1단, 투명한 유리 화병

POPPY

1. 화병을 깨끗이 씻고 신선한 물로 채워줍니다.
2. 화병에 물을 담을 때 생화 수명연장제를 함께 넣어줍니다.
3. 양귀비의 줄기를 사선으로 잘라줍니다. 이때 초나 라이터를 이용해 잘라준 줄기의 끝부분을 2~3초 정도 태워준 뒤 나선형 방향으로 돌려가며 화병에 꽂아줍니다.

MIXED FLOWER ARRANGEMENTS

PEONY

01

작약, 여왕의 귀환

–

여름이 다가오면 많은 이들의 마음을 사로잡는 꽃으로 작약이 떠오릅니다. 이번 에피소드에서는 초여름 정원에 핀 여러 꽃들을 한 다발 꺾어 집으로 들고와 막 화병에 꽂은 듯한 센터피스가 콘셉트입니다. 이러한 느낌을 살리고 싶어 쨍쨍한 햇볕과 풀벌레 소리가 들릴 것 같은, 조금은 야생적이지만 자연을 그대로 집으로 옮겨놓은 분위기의 센터피스를 만들어 보았습니다.

INGREDIENTS

작약 1단, 미국자리공 1/3단, 강아지풀 1단, 레이스플라워 1/2단,
풀 맨드라미 1/3단, 홍싸리 1/2단, 피스타치아 1/2단,
지름 12cm 투명한 원통형 유리 화병

MIXED FLOWER ARRANGEMENTS

1. 유리병을 깨끗이 씻고 신선한 물로 채워줍니다. 이때 생화 수명연장제도 함께 넣어줍니다.
2. 작약과 피스타치아 줄기 아래쪽의 잎을 깨끗하게 제거해줍니다.
 강아지풀과 미국자리공, 투베로사와 레이스플라워 줄기의 잎도 제거합니다.
3. 먼저 피스타치아 가지를 양쪽으로 화병에 꽂아줍니다.
 화병의 뼈대를 만들어 준다는 생각으로 꽂아주는데 가지의 길이에 따라
 센터피스의 크기가 달라지니 원하는 크기를 유념해서 꽂아줍니다.
4. 피스타치아로 전체적인 뼈대가 만들어지면, 미국자리공을 아래쪽으로 약간 늘어지게 배치해 텍스처를 살려줍니다.
5. 레이스플라워, 홍싸리, 풀 맨드라미, 강아지풀을 볼륨감있게 꽂아줍니다.
6. 마지막으로 작약을 풍성한 소재 사이로 앞쪽과 중간 뒷쪽 사이사이에 꽂아주면 완성입니다.

PEONY

완성된 센터피스는 소파 테이블보다는 길이가 긴 다이닝 테이블 혹은
콘솔장, 서랍장 위에 올려 두면 좋아요.
풍성한 화병 꽂이이니 멀리서 시선이 부딪혀도 부담이 없도록
큰 가구에 매치하면 좋을 것 같습니다.

TUBEROSA, LACEFLOWER, PIGEONBERRY

MIXED FLOWER ARRANGEMENTS

투베로사, 레이스플라워, 미국자리공

–

찌는 듯한 여름에 청량음료 한 잔을 들이키면 묵은 체증이 내려가는 것마냥 시원해집니다. 이렇게 하나둘 사 마신 음료수 병을 그냥 재활용 쓰레기통에 버리기엔 그 모양과 색이 다채로워 집 선반에 하나둘씩 모아두기 시작했어요. 이렇게 모아둔 유리병은 때때로 화병으로 활용하기에도 아주 안성맞춤인데, 굳이 새로운 화병을 사지 않고도 어울리는 소재의 꽃을 잘 찾아 꽂아두면 근사한 아이템으로 쓰기에 참 좋습니다.

투베로사와 레이스플라워, 그리고 테이블의 데커레이션 역할을 해줄 미국자리공 이렇게 세 가지 소재를 시장에서 구매한 뒤 깨끗이 씻어둔 초록색 유리병을 선택했습니다.

INGREDIENTS

투베로사 5송이, 레이스플라워 7~8송이, 미국자리공 3송이,
초록색 재활용 음료수병

TUBEROSA, LACEFLOWER, PIGEONBERRY

1. 유리병을 깨끗이 씻고 신선한 물로 채워줍니다. 이때 생화 수명연장제도 함께 넣어줍니다.
2. 투베로사와 레이스플라워 줄기 아래쪽의 잎을 제거합니다.

MIXED FLOWER ARRANGEMENTS

투베로사

레이스플라워

미국자리공

3. 레이스플라워의 줄기를 사선으로 자른 뒤 풍성하게 꽂아줍니다. 경쾌한 오렌지색의 투베로사는 레이스플라워 사이사이에 포인트가 되도록 채워주세요.
4. 싱그러운 테이블 위에 완성된 꽃을 올려두고 접시 사이사이에 미국자리공을 알맞은 길이로 잘라 장식해줍니다.

TUBEROSA, LACEFLOWER, PIGEONBERRY

MIXED FLOWER ARRANGEMENTS

TUBEROSA, LACEFLOWER, PIGEONBERRY

한여름 날씨에 밖을 돌아다니면 눅눅하고 후텁지근한 공기로 인해
자칫 사소한 일에도 스트레스를 받거나 예민해지기 쉽습니다.
주말에 시간을 내어 꽃시장에 다녀와 싱그러운 꽃으로 근사한 테이블 데커레이션을 만들고
사랑하는 사람과 맛있는 음식을 즐기면 지친 한 주를
밝은 에너지로 다시 채워주는 듯합니다.

COSMOS, GREEN COCKSCOMB, TUBEROSA

코스모스, 초록 맨드라미, 투베로사
-

어릴 적 저는 작은 시골에서 초등학교를 다녔는데요, 학교에 가기 위해선 삼십 분 정도 도롯가를 걸어가야 했습니다. 워낙 시골이라 학교가 옆 동네에 있어서 아침 일찍 서둘러 학교로 출발해 다시 해가 언덕 너머로 숨으면 집으로 돌아오곤 했어요.

학교 가는 길은 힘들었지만 가는 내내 들에 핀 꽃도 구경하고 친구와 도란도란 이야기도 했던 기억이 새록새록 납니다. 그때 가장 많이 봤던 꽃이 코스모스인데요, 어린 시절의 저는 찻길에 끝도 없이 피어 있는 코스모스를 한 송이 꺾어 손에 들고 있다가 강물이 흐르는 작은 다리를 지날 때 살포시 꽃을 떨어트려 물에 흘러가는 모습을 바라보곤 했어요. 오늘 시장에서 코스모스를 보니 그때의 기억이 떠올라 가격도 묻지 않은 채 덥석 구매했습니다.

어릴 적 길가에 피어있던 코스모스는 대부분 핑크색, 와인색, 흰색 정도였던 것 같은데 오늘 꽃시장에서 발견한 코스모스의 색은 처음 보는 다홍색이었어요.

INGREDIENTS

코스모스 1단, 초록 맨드라미 2송이, 흰색 투베로사 2~3송이, 도자기 화병

COSMOS, GREEN COCKSCOMB, TUBEROSA

1. 화병을 깨끗이 씻고 신선한 물로 채워줍니다.
2. 화병에 물을 담을 때 생화 수명연장제를 함께 넣어줍니다.
3. 먼저 맨드라미 한 송이를 집어 줄기를 사선으로 자른 다음 화병 가운데 꽂아 중심점을 만들어줍니다.
4. 코스모스도 줄기를 사선으로 잘라준 다음 길이를 다르게 하여 화병 양옆으로 꽂아줍니다.
5. 사이사이에 투베로사로 포인트를 주어 마무리합니다.

저는 평소 스툴에 초와 책을 몇 권 올려두는데요.
오늘은 그 위에 완성된 코스모스 화병을 올려놓았습니다.
코스모스의 색이 화사해서 그런지 모노톤인 집안 분위기를 한껏 살려주는 것 같아요.

SCABIOSA, GREEN COCKSCOMB, SEA OATS

MIXED FLOWER ARRANGEMENTS

스카비오사, 초록 맨드라미, 유니폴라
-

내 사랑 스카비오사. '이루어질 수 없는 사랑'이라는 꽃말을 가지고 있는 꽃 스카비오사. 생김새는 청순하고 여리여리해서 꼭 지켜주고만 싶은 이 꽃은 왜 이렇게 슬픈 꽃말을 가지고 있는 걸까요?

촉촉한 봄비가 지나가고 조금씩 햇볕이 강해지는 여름이 다가올 때쯤 스카비오사를 만날 수 있는데요. 이 꽃을 화병에 꽂아두는 것만으로도 여름이 방 안으로 찾아온 것 같습니다.

저는 평소 들꽃의 수수하고 하늘하늘한 분위기를 참 좋아해서 플라워 어레인지먼트나 부케를 만들 때 스카비오사를 자주 사용합니다. 헤아리기도 어려울 만큼 다양하고 많은 종류의 꽃을 좋아하지만… 저에게 단 하나의 사랑을 꼽으라고 하면 단연 스카비오사입니다. 편안하지만 지루하지 않고, 늘 곁에 두고 싶은 꽃입니다.

INGREDIENTS

스카비오사 1단, 초록 맨드라미 4~5송이, 유니폴라 2송이, 유리 화병

SCABIOSA, GREEN COCKSCOMB, SEA OATS

1. 화병을 깨끗이 씻고 신선한 물로 채워줍니다.
2. 화병에 물을 담을 때 생화 수명연장제를 함께 넣어줍니다.
3. 초록 맨드라미 줄기의 잎을 깨끗이 제거해줍니다.
꽃칼이나 꽃가위를 이용해 줄기를 사선으로 자르고 화병 가운데 부분에 꽂아줍니다.
4. 처음 꽂은 맨드라미 주위로 몇 송이를 더 추가해 전체적인 뼈대를 만들어줍니다.

MIXED FLOWER ARRANGEMENTS

5. 맨드라미와 마찬가지로 잎을 제거하여 손질한 스카비오사를 화병에 충분히 꽂아줍니다.
이때 크기를 들쑥날쑥하게 꽂아야 좀 더 자연스러워져요.
6. 마지막으로 싱그러운 유니폴라를 추가해주면 완성입니다.
*종류가 서로 다른 소재이지만 화병이 투명한 유리이니
전체적으로 줄기를 나선형으로 잘 맞추어 꽂아주는 것을 잊지마세요.

SCABIOSA, GREEN COCKSCOMB, SEA OATS

브런치 테이블에 올려놓기 좋은 센터피스입니다.
조금 구깃해도 질감이 돋보이는 린넨 소재의 테이블보를 깔아준 뒤 완성된 센터피스를
올려놓으면 부담스럽지 않으면서 편안한 분위기를 연출할 수 있습니다.

ROSA HYBRID, EUCALYPTUS, VERONICA,
RUMOHRA ADIANTIFORMIS, MILLET

베로니카

조

유칼립투스

마르샤 장미

루모라 고사리

MIXED FLOWER ARRANGEMENTS

마르샤 장미, 유칼립투스, 베로니카, 루모라 고사리, 조
-

시장에서 꽃을 사서 컨디셔닝을 깔끔하게 해준 다음 하루 정도가 지나면 장미가 곱게 피어납니다.

물론 꽃을 사와서 곧바로 센터피스를 만들어도 되지만 저는 장미가 피기를 기다렸다가 만들어보았습니다. 장미의 부드러운 꽃잎 한 장 한 장이 완전히 피어나면 마치 멋진 로즈 가든에서 볼 수 있을 법한 아름다운 얼굴을 보여주거든요. 활짝 피어난 장미의 얼굴은 정말 근사합니다.

이 근사한 장미를 더 돋보이게 만들어 줄 수 있는 꽃이 뭐가 있을까 고민하다 베로니카를 선택했습니다. 부케나 센터피스의 디자인이 좀 밋밋하거나 심심하다고 생각될 때 베로니카만 추가해주어도 한층 세련되게 완성되는 것 같아요. 이것저것 소재를 많이 추가하면 자칫 부담스러운 작품이 될 수도 있는데, 꾸민 듯 안 꾸민 듯한 자연스러운 연출을 베로니카가 잘 표현해 주는 것 같습니다.

INGREDIENTS

마르샤 장미 1단, 유칼립투스 1/2단, 베로니카 1단, 루모라 고사리 3~4송이,
조 1/2단, 유리 화병

ROSA HYBRID, EUCALYPTUS, VERONICA,
RUMOHRA ADIANTIFORMIS, MILLET

1. 화병을 깨끗이 씻고 신선한 물로 채워줍니다.
2. 화병에 물을 담을 때 생화 수명연장제를 함께 넣어줍니다.
3. 꽃칼이나 꽃가위를 이용해 장미 줄기에 붙은 잎을 제거해줍니다.
    *장미 머리의 밑부분을 왼손으로 잡은 상태에서 칼을
위에서 아래 방향으로 내려주면 가시와 잎을 쉽게 제거할 수 있습니다.(19페이지 참조)
4. 다른 소재도 줄기의 잎을 제거하고 깨끗하게 손질해줍니다.

MIXED FLOWER ARRANGEMENTS

5. 손질된 장미 줄기를 사선으로 자르고,
한 방향으로 차근차근 나선형으로 6송이를 꽂아줍니다.
6. 장미 사이사이에 베로니카를 꽂아주세요.
7. 안쪽에 장미를 몇 송이 더 꽂아준 뒤 베로니카와 루모라 고사리를 꽂아줍니다.
8. 마지막으로 그린 소재인 유칼립투스와 조를 추가해 질감을 더해주면 완성입니다.

화병 꽂이를 할 때는 화병의 입구가 넓은 것을 선택해야 더욱 풍성한
센터피스를 완성할 수 있습니다. 좁은 입구에 무리하게 꽃을 추가하다 보면
줄기가 상할 위험도 있고 자유자재로 꽃을 꽂기가 쉽지 않아서
저는 가급적 넓은 화병을 활용하는 것을 추천합니다.
완성된 센터피스는 풍성하고 높이가 있어서 식탁의 중간이 아닌 가장자리에 배치했습니다.

HELLEBORE, LACEFLOWER

레이스플라워

헬레보루스

헬레보루스, 레이스플라워
-

뉴욕의 플라워 스쿨에서 처음으로 헬레보루스라는 꽃을 만났을 때, 저는 그 잔잔하고 고혹적인 와인빛 얼굴에 매료되었습니다. '나의 불안을 진정시켜주세요'라는 꽃말을 가지고 있는 이 꽃은 아주 예민하기 때문에 관리를 잘 해주지 않으면 금방 꽃 머리를 숙이고 마는데요. 그래서 꽃시장에서 집으로 가져오자마자 바로 컨디셔닝을 해주어야 합니다.

오늘 꽃시장에 갔다가 발견한 헬레보루스는 제가 알던 와인색은 아니었지만 싱그러운 연두색을 띤 얼굴이 너무 화사해서 하얗고 섬세한 레이스플라워와 함께 꽂아보았습니다.

INGREDIENTS

헬레보루스 3송이, 레이스플라워 2송이, 흰색 호리병 도자기

MIXED FLOWER ARRANGEMENTS

1. 화병을 깨끗이 씻고 신선한 물로 채워줍니다.
2. 화병에 물을 담을 때 생화 수명연장제를 함께 넣어줍니다.
3. 23페이지를 참고하여 헬레보루스를 컨디셔닝합니다.
4. 헬레보루스 줄기 아래쪽의 잎을 깨끗하게 제거한 뒤 화병에 꽂아줍니다.
가지의 잎을 버리기엔 너무나 멋진 모양을 하고 있어
저는 잎이 달린 줄기 일부를 떼어다 화병의 가장 자리에 꽂아주었어요.
5. 레이스플라워도 헬레보루스 잎의 높이와 밸런스가 맞도록 살펴본 후,
적당한 길이로 잘라 꽂아줍니다.

따뜻한 의미의 헬레보루스 꽃말처럼 완성된 작품을 보고 있자니 마음이 차분해집니다.
호리병 모양 화기에 담아서인지 오리엔탈 느낌이 물씬 풍깁니다.

MARIGOLD, EUCALYPTUS, LISIANTHUS, HELENIUM, GREAT BURNET,
RUMOHRA ADIANTIFORMIS

메리골드, 시드 유칼립투스, 샴페인 리시안셔스,
암바 리시안셔스, 헬레늄, 오이초, 루모라 고사리

-

이번 에피소드에서는 같은 소재로 다른 분위기를 연출하는 방법을 소개합니다. 같은 꽃이라도 어떤 화병 혹은 오브제에 꽂느냐에 따라서 꽃이 가지는 분위기가 달라집니다.

오늘은 같은 소재를 두 가지 화기, 러스틱한 컴포트볼과 철제 물뿌리개에 각각 어레인지해보려고 합니다. 만드는 과정이 다소 복잡할 수 있지만 하나하나 추가하다보면 금세 완성됩니다.

INGREDIENTS

메리골드 1단, 시드 유칼립투스 1단, 샴페인 리시안셔스 6송이,
암바 리시안셔스 4송이, 헬레늄 6송이, 오이초 3송이, 루모라 고사리 1줄기,
치킨 와이어, 투명 테이프, 컴포트볼 혹은 철제 물뿌리개

MARIGOLD, EUCALYPTUS, LISIANTHUS,
HELENIUM, GREAT BURNET,
RUMOHRA ADIANTIFORMIS

1. 먼저 깨끗한 컴포트볼을 준비합니다.
2. 치킨 와이어를 적당한 양으로 자른 뒤 동그랗게 말아 볼 안쪽에 넣어줍니다.
투명 테이프로 치킨 와이어가 움직이지 않도록 십자 형태로 붙여준 뒤 테이프가 떨어지지 않도록
가장자리를 투명 테이프로 다시 한 번 원을 그리며 감아줍니다. (37페이지 참조)
3. 신선한 물을 볼에 채워줍니다.
4. 물을 담을 때 생화 수명연장제를 함께 넣어줍니다.

MIXED FLOWER ARRANGEMENTS

5. 꽃칼이나 꽃가위를 이용해 유칼립투스 아래쪽 줄기에 붙어 있는 잎들을 깨끗이 제거해줍니다.
메리골드, 리시안셔스, 헬레늄, 오이초의 잎도 마찬가지로 깨끗하게 정리합니다.
6. 먼저 볼의 가장자리와 안쪽으로 손질한 유칼립투스를 꽂아 뼈대를 만들어줍니다.
7. 메리골드를 다양한 길이로 잘라 꽂아줍니다. 들쑥날쑥한 느낌이 있어야 볼륨감이 살아납니다.
8. 샴페인 리시안셔스와 암바 리시안셔스를 번갈아가며 꽂아줍니다.
9. 마지막으로 줄기가 가는 헬레늄과 오이초를 사이사이에 넣어주면 완성입니다.
*철제 물뿌리개도 과정 2번부터 같은 방법으로 완성하면 됩니다.

**MARIGOLD, EUCALYPTUS, LISIANTHUS,
HELENIUM, GREAT BURNET,
RUMOHRA ADIANTIFORMIS**

컴포트볼에 완성한 센터피스는 고전적인 유화 그림에 등장하는 꽃처럼
테이블 위나 콘솔 위에 올려놓으면 아주 멋질 것 같아요.
반면 철제 물뿌리개에 꽂은 센터피스는 스툴이나 소품용 의자에 올려놓으면
색다른 분위기로 집안에 활력을 살려주는 것 같습니다.

MIXED FLOWER ARRANGEMENTS

CAPPUCCINO ROSE, SHIMMER ROSE,
SCABIOSA, ASTRANTIA, LISIANTHUS,
POMPON CHRYSANTHEMUM, CARNATION,
PRUNUS, EUCALYPTUS, IVY, BRUNIA

MIXED FLOWER ARRANGEMENTS

노을 지는 석양

—

하루가 어떻게 흘러가는지도 모른 채 하늘 한 번 바라볼 새 없이 바쁘게 지낸 날은 몸도 힘들고 마음도 쓸쓸해질 때가 있습니다.

바쁜 아침을 시작하고 오후가 흘러 지금이 몇 시인지 감각도 없을 무렵… 작은 방으로 들어갔더니 방 안이 온통 아름다운 노을빛으로 물들어 있었습니다. 그 순간 숨이 턱 막혔죠.

창밖으로 고개를 돌려보니 저 멀리 석양이 오늘의 일과를 마친 채 하루를 마감합니다. 어쩌면 별것 아닌 평범한 어느 날의 모습이었지만 저는 그 순간 가슴이 너무 벅차올라 눈물이 맺혔어요. 풍성하고 은은하게 번져나가는 노을의 색이 사람 소리 없는 저희 집을 따뜻한 온기로 채워주는 듯했거든요.

오늘은 그때의 기억을 고스란히 담은 센터피스를 만들어보았습니다.

INGREDIENTS

카푸치노 장미 5송이, 쉬머 장미 6송이, 스카비오사 2송이, 아스트란시아 3송이,
흰색 리시안셔스 3송이, 폼폰국화 2송이, 카네이션 1단, 프루누스 가지 1단,
유칼립투스 5가지, 아이비 2줄기, 부르니아 2송이,
러스틱한 페데스탈볼 화병, 투명 테이프

CAPPUCCINO ROSE, SHIMMER ROSE, SCABIOSA, ASTRANTIA, LISIANTHUS, POMPON CHRYSANTHEMUM, CARNATION, PRUNUS, EUCALYPTUS, IVY, BRUNIA

MIXED FLOWER ARRANGEMENTS

1. 화병을 깨끗이 씻고 신선한 물로 채워줍니다.
2. 화병에 물을 담을 때 생화 수명연장제를 함께 넣어줍니다.
3. 투명 테이프를 와플 모양으로 화병에 붙여줍니다.(33페이지 참조)
4. 모든 소재는 줄기 아래쪽의 잎을 깨끗하게 제거해줍니다. 장미는 가시를 함께 제거해주세요.
5. 먼저 푸르누스 가지를 길이가 각각 다르게 잘라 화병 양쪽으로 꽂아줍니다.
그 다음에 좀 더 짧은 길이의 푸르누스 가지를 중간과 안쪽으로 채워줍니다.
*가장 긴 가지가 센터피스의 완성된 크기로 만들어지기 때문에 어떠한 크기로 만들지
머릿속에 그림을 그린 뒤 가지를 꽂아줍니다.
6. 길이가 다른 쉬머 장미는 줄기를 사선으로 자른 뒤 중심에 4송이 정도 먼저 꽂아
큰 틀을 만들어 줍니다. 이후에 카푸치노 장미와 카네이션을 사이사이에 채워줍니다.
7. 폼폰국화와 부르니아를 꽂아줍니다.
8. 유칼립투스와 아이비를 양쪽 가장자리로 채워 센터피스의 질감을 살려줍니다.
9. 중간 중간 스카비오사와 리시안셔스를 꽂아 포인트를 줍니다.
10. 마지막으로 줄기가 가는 아스트란시아를 꽂아주면 완성입니다.

CAPPUCCINO ROSE, SHIMMER ROSE, SCABIOSA, ASTRANTIA, LISIANTHUS,
POMPON CHRYSANTHEMUM, CARNATION, PRUNUS, EUCALYPTUS, IVY, BRUNIA

은은한 노을빛으로 블렌딩된 플라워 센터피스입니다.
소재의 종류가 다양해 만드는 과정이 다소 복잡해 보일 수 있지만,
천천히 구도와 색감을 생각해가면서 만들면 충분히 완성할 수 있어요.

BASIL, ROSEMARY, MINT

테이블 허브 가든
-

런던에서 학교를 다닐 때 수업이 끝나고 친구들과 간단히 저녁을 먹고 집으로 갈 때가 많았습니다. 어느날 이탈리안 레스토랑에 갔는데, 신기하게도 테이블마다 바질 화분이 놓여 있었어요. 테이블 위에 화분이 그대로 있는 것이 의아했지만 싱그러운 바질 화분에 눈이 가지 않을 수 없었지요. 화분이 놓인 이유는 피자를 주문하고 나서야 알게 되었답니다.

피자와 파스타를 주문하고 한참이 흘렀을까요? 드디어 우리 테이블로 음식이 서빙되었는데 친구가 거침없이 바질의 잎을 따서 피자 위에 토핑으로 올리는 거예요. 그 프레시하고 싱그러운 기억이 머릿속에 맴돌아 이번에 양재 꽃시장에 갔을 때 로즈마리와 민트 등 다양한 허브를 사다가 분갈이를 해주고 테이블 위에 올려두었습니다.

비록 꽃은 아니지만 초록색 허브 덕분에 집안 분위기가 한층 맑아 보입니다. 때마침 친구가 놀러 와서 직접 피자도 만들고 칵테일도 만들어서 그때의 추억을 되살려 보았습니다.

INGREDIENTS

허브(바질, 로즈마리 등 좋아하는 허브를 준비해주세요), 토기 화분, 상토

1. 허브를 심을 토기 화분을 준비해주세요.(자세한 과정은 205페이지 참조)
2. 화분의 물구멍에 깔망을 깔고 굵은 마사토를 적당히 넣어 배수를 좋게 해준 뒤 흙을 조금 덮어둡니다.
3. 그 위에 분갈이할 식물을 넣어 주는데, 이때 식물의 뿌리 상태가 그대로 심어도 될지 조금 다듬어야 할지 확인합니다. 식물의 뿌리가 건강하고 적당하다면 살살 한두 번 뭉쳐진 흙을 풀어준 뒤 화분에 넣고, 식물의 뿌리에 상한 부분이 있다면 잘라서 다듬어준 뒤 화분에 넣어줍니다.
4. 화분에 흙을 채워 식물과 화분의 공백을 메워준 뒤 뿌리가 완전히 덮이도록 다시 흙을 채워줍니다.
5. 마지막에 흙을 담을 때는 화분 끝에서 1~2cm 정도 남겨놓아야 나중에 물을 줄 때 흙이 넘치지 않습니다.
6. 허브가 다 심어졌다면 물을 한 번 주어 마무리합니다.

MIXED FLOWER ARRANGEMENTS

MIXED FLOWER ARRANGEMENTS

요리를 할 때 마트나 시장에서 구매한 허브를 사용해도 좋지만,
이렇게 내가 직접 심고 정성 들여 기른 허브를 사용하니 더 특별한 것 같아요.
하지만 한편으로는 매일같이 물주며 인사한 아이들의 잎을 뗄 때마다
마음 한구석 미안한 마음도 드네요.

HANGING CANDLE WREATH

MIXED FLOWER ARRANGEMENTS

행잉 캔들 리스
-

크리스마스 시즌이 다가올 때쯤 친구와 함께 꽃시장에 들렀습니다. 오랜만에 만나 이런저런 이야기도 나누고 함께 크리스마스에 어울리는 행잉 캔들 리스를 만들기로 했거든요.

이 시기에 꽃시장에 가면 온갖 종류의 크리스마스 데커레이션 소품을 볼 수 있는데요. 가장 대중적이면서 시즌 내내 볼 수 있는 트리도 좋지만 나만의 특별한 크리스마스를 연출하고 싶다면 행잉 캔들만큼 좋은 게 없는 것 같아요.

그래서 미리 인터넷으로 행잉 캔들을 주문해두고, 시장에 와서 크리스마스에 어울리는 색감의 꽃과 나뭇가지를 잔뜩 구매했습니다. 특히 비단향나무는 향기가 너무 좋아서 꼭 구매하기를 추천드리고 싶어요. 레몬향이 나는 것 같기도 하고 만지는 내내 은은하게 풍기는 나무 향에 저절로 기분까지 즐거워집니다.

INGREDIENTS

비단향나무 1단, 진반 1단, 와인색 라넌큘러스 1단, 스카비오사 1단,
더그라스 2단, 루모라 고사리 1단, 레이스플라워 1단,
그물형 플로랄폼 7개, 케이블 타이 1봉지

HANGING CANDLE WREATH

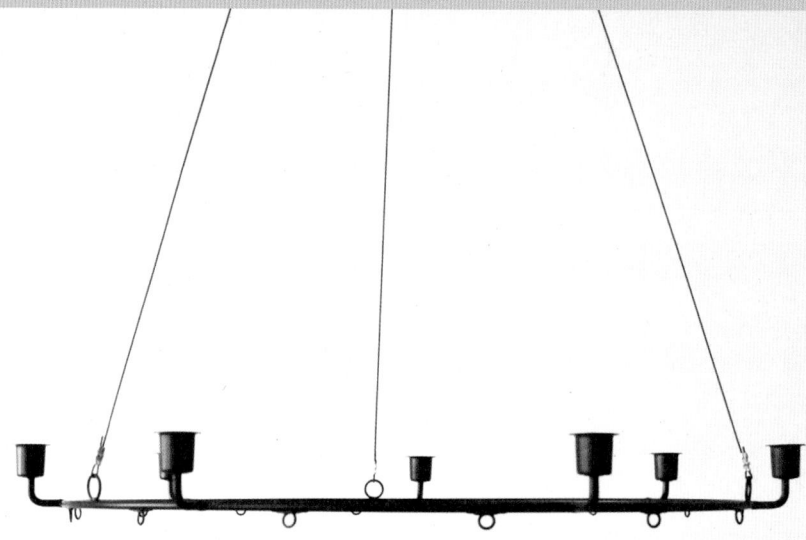

1. 비단향나무는 특별한 손질 없이 가지를 알맞은 길이로 잘라줍니다. 라넌큘러스와 스카비오사,
더그라스, 루모라 고사리, 레이스플라워는 줄기 아래쪽의 잎을 깨끗하게 제거합니다.
2. 먼저 행잉 캔들을 천장에 달아주세요. 리스가 완성되면 꽤 무거우니 고정을 단단히 하는 게 좋습니다.

3. 구입한 행잉 캔들의 사이즈에 맞추어 플로랄폼을 준비해주세요. 저는 10cm 정도의 그물형 플로랄폼 7개를 사용했습니다. 꽃시장 안의 부자재 상점에 가시면 구입할 수 있어요.

4. 플로랄폼을 물에 담가줍니다. 플로랄폼이 물을 완전히 흡수해 가라앉으면 건져서, 케이블 타이 두 개를 이용해 행잉 캔들의 구멍이 뚫린 홀에 단단히 고정해줍니다.

HANGING CANDLE WREATH

5. 잘 고정이 되면 길쭉하게 나와 있는 케이블 타이를 보이지 않게 잘라주세요.
6. 먼저 10~12cm 가량으로 자른 비단향나무와 진반 가지를 풍성하게 꽂아줍니다.
  상황에 따라 비어 있는 부분에 작은 길이로 자른 가지를 다시 채워줍니다.
  시장에서 구매한 다양한 그린 소재를 폼에 꽂아주기만 해도 벌써 크리스마스 분위기가 표현되는 것 같아요.

MIXED FLOWER ARRANGEMENTS

*행잉 캔들의 안쪽 면에도 소재를 꼼꼼히 채워주셔야 오아시스 폼이 보이지 않아 깔끔하게 완성됩니다.
7. 그린 소재를 다 꽂고 나면, 하얀 레이스플라워를 군데군데 꽂아줍니다.
8. 마지막으로 붉은색 스카비오사와 라넌큘러스를 추가로 사이사이 꽂아주면
크리스마스 행잉 캔들이 완성됩니다.

제법 분위기 있는 크리스마스 캔들 리스가 완성되었어요. 친구와 함께 만들어서 더 즐거웠는데요.
크리스마스 시즌에 가족이 함께 모여 만들어보아도 좋은 추억으로 남을 것 같습니다.
처음에 행잉 캔들을 천장에 고정시키는 일이 조금 어려웠지만 그 다음은 누구나 쉽게 따라 할 수 있어요.
꽃시장 상황이나 개인에 취향에 따라 리스에 쓰이는 소재가 달라지더라도 기본적인 방법은
본문과 마찬가지로 따라하시면 됩니다.

HANGING CANDLE WREATH

AMNESIA ROSE, BELL CLEMATIS, LISIANTHUS,
RUMOHRA ADIANTIFORMIS, EUCALYPTUS

MIXED FLOWER ARRANGEMENTS

고혹적인 빛깔을 지닌 장미, 아메니시아 로즈

예전에 '만 원으로 꽃다발 만들기 프로젝트'를 시작했을 때만 해도 저는 장미의 매력을 크게 느끼지 못했습니다. 아름답게 만개한 장미를 주변에서 쉽게 볼 수도 없었고, 가시가 있는 소재이다 보니 초보인 제가 다루기에는 너무 어려웠죠.

그런데 뉴욕에서 플라워 어레인지를 공부하면서 이러한 생각이 완전히 바뀌게 되었어요. 꽃칼을 능숙하게 사용할 수 있게 되고나서부터 장미를 다루는 게 훨씬 쉬워졌고, 컨디셔닝만 잘 해주면 우아한 장미의 얼굴을 오랫동안 볼 수 있다는 사실도 알게 되었습니다. 특히 꽃 안쪽의 잎까지 완전히 피어난 장미는 이루 말할 수 없을 정도로 그 아름다움에 눈이 부십니다.

오늘 사용한 아메니시아 장미는 빈티지한 느낌이 물씬 풍기는 보라색으로, 겉 꽃잎에서 안쪽 꽃잎으로 색이 깊어지는 장미입니다. 보라색 특유의 은은함과 고혹적인 우아함이 이 장미에 고스란히 담겨 있는 것 같아요.

INGREDIENTS

아메니시아 장미 1단, 벨 클레마티스 1단, 암바 리시안셔스 1단,
루모라 고사리 2~3줄기, 유칼립투스 1단, 그린 소재 2~3가지,
메탈 소재 원통형 화기

AMNESIA ROSE, BELL CLEMATIS, LISIANTHUS,
RUMOHRA ADIANTIFORMIS, EUCALYPTUS

1. 화병을 깨끗이 씻고 신선한 물로 채워줍니다.
2. 화병에 물을 담을 때 생화 수명연장제를 함께 넣어줍니다.
3. 장미를 비롯해 사용할 소재들의 줄기 아래쪽 잎을 깨끗하게 제거해줍니다.
4. 먼저 그린 소재로 전체적인 부피와 뼈대를 만들어줍니다.

MIXED FLOWER ARRANGEMENTS

5. 유칼립투스와 루모라 고사리를 바깥쪽에서부터 안쪽으로 골고루 꽂아 색을 더해줍니다.
6. 아메니시아 장미를 길이가 다르게 자른 뒤 밸런스를 맞추어 꽂아줍니다.
7. 엄바 리시안셔스를 사이사이에 넣어 질감을 더해줍니다.
8. 마지막으로 꽃대가 가장 연약한 벨 클레마티스를 포인트로 넣어 마무리합니다.

AMNESIA ROSE, BELL CLEMATIS, LISIANTHUS,
RUMOHRA ADIANTIFORMIS, EUCALYPTUS

꽃의 색감만으로 테이블의 분위기가 하나부터 열까지 다양하게 변화하는 것 같습니다.
오늘 선택한 센터피스의 색감은 차분한 분위기라서, 따뜻한 저녁 다이닝 테이블에 잘 어울릴 것 같아요.
여기에 로맨틱한 분위기를 더하고 싶다면 초를 잊지 마세요.

FLOWERS COME HOME

GARDENING AT HOME

CHAPTER 03

TERRACE GARDENING

둘째 언니는 가드닝에 늘 관심이 많았습니다. 제가 영국에 어학연수를 갔을 때도 언니는 그곳에서 가드닝을 배우길 꿈꿨으니까요. 이런저런 여건이 되지 않아 본격적으로 공부하지는 못했지만, 언니는 늘 사진기를 들고 다니며 런던 거리의 조경 디자인과 공원에 피어난 예쁜 꽃 등을 찍곤 했습니다.

이런 언니가 아니었다면 지금처럼 식물에 관심을 가지지 않았을지도 모를 정도로 저는 언니의 영향을 많이 받았어요. 언니는 시집가기 전까지 저와 함께 살았는데, 봄이 찾아올 때면 집 근처의 화원에 놀러 가자며 자주 보채기 일쑤였습니다. 그때까지만 해도 식물이나 꽃에 관심이 없던 저는 늘 시큰둥했었는데 지금 생각해보면 그때 언니의 마음이 백 번 이해가 됩니다. 밖으로 한 발짝도 나갈 수 없을 만큼 추운 겨울이 지나고 살랑이는 봄바람에 하나둘 피어나는 꽃을 어느 누가 마다할 수 있겠어요.

저 역시 꽃을 좋아하기 시작한 후로는 집에 화분도 들여놓고 일주일에 한 번은 꽃향기로 방 안을 가득 채우곤 하지만, 몇 해 전 언니가 시집을 가고 혼자 사는 집은 이전에 비해 삭막하기 짝이 없었습니다. 자리마다 놓여 있던 화분은 다 사라지고 생명 없는 물건들만 어느새 집 안을 꽉 채우고 있었으니까요.

얼마 전 오랜만에 언니의 집에 놀러가서 베란다 정원을 구경했습니다. 도시에 살고 있으니 멋진 마당과 정원은 없지만 언니의 베란다는 정말 근사합니다. 이곳에도 언니의 정성과 사랑을 듬뿍 받아 싱그럽게 잘 자란 식물이 가득했습니다.

언니는 어느덧 두 아이의 엄마입니다. 아이들 돌보는 일도 쉽지 않은데 이 많은 초록색 식물들을 어떻게 이렇게 잘 키운 것인지 언니의 열정이 대단합니다. 식물은 항상 주의 깊게 살피고 관심을 가져주지 않으면 언제 잎이 말라 죽을지 모르는데 말이에요.
육아에 지친 스트레스를 식물들을 보살피며 힐링한다는 언니는 가족들이 모두 잠든 늦은 밤에 혼자 베란다에 불을 켜놓고 낮에 꼼꼼히 보지 못했던 식물들을 살피는 그 시간이 너무 좋다고 합니다. 오롯이 자신만을 위한 시간이라서 그런가 봐요.

가드닝은 정말로 식물을 좋아하지 않으면 쉽게 하기 어려운 취미인데요. 날씨도 신경 써야 하고, 온갖 균과 벌레들과의 싸움에서도 이겨야 하기 때문이죠. 책임감과 집중력도 필요로 하고요. 언니의 정원을 구경하면서 예쁜 화분들을 카메라에 담고 있는데 호기심 많은 조카가 옆에 앉아 종알대며 식물 예찬을 하기 시작합니다. 5살밖에 안된 어린아이가 태어났을 때부터 식물과 함께 자라서인지 "이모, 이모!" 불러대며,

"이 화분은 초록색 잎이 커서 좋아."
"이 화분은 핑크색 꽃이 피었어. 이모 얼른 와서 예쁘게 찍어주세요!"

라고 조잘조잘 이야기를 합니다. 제 옷을 붙잡고 이리저리 끌고 다니는 꼬마 아가씨의 모습이 귀여워 화분 하나를 손에 들게 한 뒤 사진 한 장으로 이 기억을 평생 간직할 수 있게 만들어 주려고 합니다. (feat. 자기는 왜 안 찍어 주냐고 눈물 콧물 짜내던 2살 소년.)

SISTER'S TERRACE GARDENING

GARDENING AT HOME

짧지만 이번 에피소드에서 언니의 이야기를 잠깐 들려드리려고 합니다.

"이제 5살이 된 딸은 3살 때부터 저와 함께 베란다에 나와 물을 주곤 했어요. 자기가 좋아하는 핑크색 꽃이 피어 있으면 향기도 맡아보고 예쁘다며 칭찬하기 바쁘죠.
한번은 딸이 식물에게 물을 너무 많이 줘서 과습으로 죽을 뻔 했던 적이 있었는데, 아이에게 식물을 키우는 기쁨은 알려주고 또 식물은 살려보고 싶어 고안해낸 것이 바로 수경재배였습니다. 수경재배를 하려는 식물의 뿌리를 깨끗이 씻어 예쁜 유리병에 담아주고 마음껏 물을 주게 했더니 어린 마음에 '쑥쑥 자라라'며 아낌없이 사랑을 주느라 어느 날은 베란다를 물바다로 만들어 놓기도 했답니다.
하루는 제가 페라고늄 꽃을 붓으로 인공 수정하고 있었는데, 딸이 그 모습을 보더니 꽃에 색칠을 하고 있냐고 호기심 가득 어린 동그란 눈으로 저에게 물어봅니다. 그 질문이 너무 귀여워서 딸에게 붓을 들려줬더니 꽃이며 잎이며 정성스럽게 색을 칠하는 모습이 정말 사랑스러웠습니다.
딸은 계절에 따른 자연 환경의 변화에도 관심이 많은지 가을에 단풍이 든 나무가 너무 예쁘다고 말하고, 겨울에는 앙상한 나뭇가지가 추워하지는 않는지 걱정을 해주기도 합니다. 그러다가 봄에 마른 가지에 새싹이 돋고 꽃이 피어나면 저것 보라며 나무가 살아 있다고 기뻐합니다. 식물을 통해 아이의 풍부한 감성과 따뜻한 배려심이 함께 자라는 것 같아 기특합니다. 아이들의 눈과 마음이 얼마나 순수한지 저도 딸에게서 동심을 배우며 함께 가드닝하는 일이 늘 행복하고 즐겁습니다."

지금부터는 식물을 사랑하는 언니가 알려주는 몇 가지 가드닝 팁을 소개합니다.

사랑초 구근 키우기

—

너무나도 사랑스러운 꽃을 피우는 사랑초를 처음 알고 나서 어찌나 설레었는지 모릅니다. 말 그대로 사랑에 빠진 것만 같았어요. 몇 날 며칠을 사랑초만 찾아보며 사랑초 앓이를 하다 드디어 구근을 구해 키우게 되었습니다. 사랑초도 종류가 어마어마하게 많은데, 제가 키운 것은 추식 구근으로, 가을에 심어 늦가을에 싹이 트고, 겨우내 예쁜 꽃을 보여주는 아이입니다.

겨울에는 대부분의 꽃이 지고 식물들이 얼어 죽을까 전전긍긍하게 마련인데, 따뜻한 남향의 저희 집 베란다는 사랑초가 꽃을 피우기에는 더없이 좋은 환경이었습니다. 겨울이라 해가 더 길게 들어오기도 하고, 기온이 영하로 떨어지지 않아 키우기 수월했던 것 같아요.

그런데 가장 기대하고 있던 구근이 도무지 싹이 틀 생각을 하지 않았습니다. 결국 화분을 엎어 구근을 살펴보았더니, 뿌리파리 유충이 구근을 갉아먹고 있었어요. 뿌리파리 유충은 식물의 뿌리에 기생하며 영양분을 갉아먹고 자라기 때문에 결국 식물이 죽게 됩니다. 예쁜 식물을 키우는 일은 행복하지만 가끔 이렇게 마주치기 싫은 벌레들을 만날 때면 무척이나 난감합니다. 그렇기 때문에 평소 식물의 병해충을 치료하기 위한 상비약을 구비하고 있는 것이 좋아요.

HOW TO START A GARDEN

· 사랑초 구근을 키울 때는 구근이 수분을 머금고 있기 때문에 물을 많이 주지 않아도 됩니다.
· 잎이 조금 쳐진다 싶을 때 물을 충분히 주고, 배수가 잘 되는 흙에 심어 과습을 방지합니다.
· 꽃망울이 맺히면 영양제를 충분히 주어 꽃이 잘 필 수 있도록 힘을 키워줍니다.
· 해를 보지 못하면 꽃망울이 펴지지 않습니다.
· 통풍이 잘 되고, 해가 잘 드는 곳에서 키워야 웃자람 없이 예쁜 꽃을 마음껏 볼 수 있습니다.
· 봄까지 예쁜 꽃을 피우던 사랑초는 점점 사그라지기 시작하며, 이때 구근을 수확하여 통풍이 잘 되는 그물망에 넣어 그늘진 곳에 걸어두었다가 가을에 다시 흙에 심어줍니다.

다육식물 키우기

-

식물 키우기를 막 시작했을 무렵 화훼시장에서 다육식물을 처음 접했는데요, 작은 나무 같기도 하고 꽃 같기도 한 다육식물을 보고 한눈에 반해 키우는 법도 모르고 몇 개를 사왔습니다. 직사광선을 좋아하는지, 물을 많이 주면 안 되는지도 모른 채 다육이 화분을 무작정 침실에서 가장 예쁜 곳에 두고 키웠는데, 아니나 다를까 며칠 되지 않아 웃자람이 시작되었어요. 원래 연꽃 같은 모양이었던 그 다육이는 멀대 같이 키만 쭉 자라 볼품이 없어졌습니다.

지금 생각해보면 단순히 식물을 좋아하고 관심이 생겼다는 이유로, 혹은 모양이 예쁘다는 이유로 그 식물이 가진 특성을 무시한 채 저의 시각적 만족만 기대하며 키웠던 것 같아요. 반려식물을 키우려면 그 식물이 어떤 것을 좋아하는지 어떻게 키워야 하는지 최소한의 정보를 습득하고 키워야 하는 것이 맞는데 말이에요. 식물도 생명체인데 아이나 반려동물을 키우는 것처럼 아끼고 잘 키워보려고 더 애써야겠다는 다짐을 했습니다.

HOW TO START A GARDEN
- 다육식물은 물이 희박하고 척박한 땅에서 적은 양의 뿌리를 내리고 사는 식물입니다.
따라서 가정에서 키울 때는 과습에 주의하며 키워야 합니다.
- 물은 흙이 속까지 완전히 마르고 잎이 쪼글거릴 때 흠뻑 주면 됩니다.
- 다육식물은 직사광선을 좋아하며,
물을 아껴서 키워야 웃자람 없이 본래의 모습을 유지하며 잘 자랍니다.
- 흙은 상토와 마사토의 비율을 3:7 혹은 4:6정도로, 마사토의 비율을 높게 하여 키우는 것이 좋습니다.

필레아페페로미오이데스 키우기

—

필레아페페로미오이데스(이하 '필레아')는 곧은 몸매에 동글동글 귀여운 잎이 매력적인 식물입니다. 가녀린 잎 줄기 끝에 동그란 잎이 있는데 햇살을 받을 때면 그 잎이 더 싱그러운 초록색으로 보여서, 보고만 있어도 눈이 시원해집니다.

성숙한 필레아는 번식하기 위해 끊임없이 자구를 만들어 내는데 작고 귀여운 자구가 올라올 때면 어쩐지 기특한 생각도 든답니다. 자구가 좀 크고 나면 잘라서 예쁜 유리병에 꽂아두고 밝은 창가에 두면 인테리어 효과도 있어요.

필레아는 뿌리를 잘 내리는 편으로 안정적으로 뿌리가 자랐을 때 다시 흙에 심어줍니다. 이렇게 키운 필레아 식구가 하나 둘 늘어나다 보면, 어느새 베란다 한쪽에 옹기종기 무리를 이루며 사는 필레아 가족을 볼 수 있어요. 필레아는 하나보단 둘, 둘보단 셋을 키우는 게 재미있습니다. 깔끔하게 독립적으로 하나의 목대만 키우거나, 자구를 분리하지 않고 여러 목대를 웅장하게 키우던지 다양하게 시도해 볼 수 있어서 더욱 즐겁습니다.

HOW TO START A GARDEN

- 필레아는 과습에 주의해야 하는 식물입니다.
- 물은 화분 속의 흙까지 말라 잎이 아래로 쳐질 때 충분히 줍니다.
- 이 식물은 뿌리에서 새로운 자구가 나와 번식합니다. 자구가 어느 정도 자라면 소독된 칼이나 가위로 흙 속까지 줄기를 잘라줍니다. 안정적으로 키우기 위해 수경재배로 뿌리를 어느 정도 내려준 뒤 배수가 좋은 흙에 옮겨 심습니다.
- 필레아는 뿌리는 건조하고 공중 습도는 높은 것을 좋아합니다. 통풍이 잘 되는 곳에서 키우고, 잎에 수시로 분무를 해주면 좋습니다. 또 해를 많이 보아야 잎 말림 현상이 없습니다.

SISTER'S TERRACE GARDENING

REPOTTING PLANTS

분갈이하기

–

봄이 되면 부모님 집의 정원에서는 엄마가 키우는 보라색 메발톱이 곳곳에 꽃을 피웁니다. 화원에 들렸다가 마침 집에 없는 메발톱 색을 발견했는데 엄마가 좋아하실 것 같아 서너 개를 사서 집으로 향했죠. 때마침 온 가족이 모여 있어서 두어 개는 화단에 심고 하나는 토기 화분에 언니와 함께 심어보기로 했습니다.

INGREDIENTS

좋아하는 식물 또는 꽃, 토기 화분, 깔망, 상토, 마사토, 꽃삽

1. 식물과 토기 화분, 그리고 상토를 준비해주세요.
2. 화분의 물구멍에 깔망을 깔고 굵은 마사토를 적당히 넣어 배수를 좋게 해준 뒤 삽을 이용해 흙을 조금 덮어둡니다.

3. 그 위에 분갈이할 식물을 넣어주는데, 이때 식물의 뿌리 상태가 그대로 심어도 될지 다듬어야 할지 확인합니다. 식물의 뿌리가 건강하고 적당하다면 살살 한두 번 뭉쳐진 흙을 풀어준 뒤 화분에 넣고, 식물의 뿌리에 상한 부분이 있다면 잘라서 다듬어준 뒤 같은 방법으로 화분에 넣어줍니다.

REPOTTING PLANTS

4. 식물과 화분의 공백을 메워준 뒤 뿌리가 완전히 덮이도록 삽을 이용해 흙을 채워줍니다.
5. 마지막에 흙을 담을 때는 화분 끝에서 1~2cm 정도 남겨놓아야 나중에 물을 줄 때 흙이 넘치지 않습니다.
6. 식물이 다 심어졌다면 물을 한 번 주어 마무리합니다.

BASKET ARRANGEMENTS

바스켓 어레인지먼트
-

뉴욕에서 플라워 스쿨을 다닐 때 플로리스트 루이스 밀러Lewis Miller의 특별 수업을 들은 적이 있었는데요. 그때 플라워 센터피스를 배우는 것보다 인상적이었던 것이 꽃 화분을 활용한 공간 디자인이었습니다. 화분은 관리만 잘해주면 오랜 시간 집안을 따뜻한 분위기로 채워주기 때문에 공간 연출에 더욱 유용한 소재입니다.

봄이 찾아올 무렵 화원에 들러 무스카리와 아이리스 구근을 사서 부모님 집으로 갔습니다. 주로 감자나 고구마를 담아두는 나무 바스켓을 활용해 화분을 모아 담아보았는데 화원에서 구매한 구근은 따로 분갈이를 하지 않은 채 박스 안으로 채워주기만 하면 되는 일이라 아주 간단합니다.

INGREDIENTS
나무 박스 또는 바구니, 좋아하는 꽃 화분, 이끼

BASKET ARRANGEMENTS

1. 나무 바스켓 또는 바구니를 준비한 뒤 꽃 화분을 안에 채워줍니다.
2. 준비한 이끼를 화분 위에 올리고, 플라스틱 화분이 안 보이게 덮어주면 완성됩니다.

저는 이날 스칸디나비아 이끼를 사용했는데요. 스칸디나비아 이끼는 물에 직접 닿으면 안 되기 때문에 화분에 물을 줄 때 주의해주세요. 만약 다른 이끼를 사용할 경우 물에 적신 이끼의 물기를 짜준 뒤 올려주면 됩니다.

MUM'S GARDEN

어릴 적부터 제 기억 속 부모님의 집은 항상 꽃이 가득했습니다. 여름날 학교를 마치고 골목길을 따라 집으로 걸어오면 담장 아래에 곱게 핀 봉숭아들이 제일 먼저 저를 맞이해주었습니다. 대문에 들어서면 애니메이션 영화 〈미녀와 야수〉에 등장하는 붉은빛 덤불 장미가 대문과 담장을 둘러싸고 있었고, 마당 안쪽으로 조금 더 걸어가면 화단에 수국과 작약이 화사하게 피어 있었죠. 지난 번 책에서도 부모님의 정원을 살짝 소개한 적이 있었지만, 일여 년 사이에 정원의 모습도 더 풍성하게 바뀌고 키우던 열매의 종류도 늘어나면서 저만 알고 있기가 아쉬운 마음에 이렇게 다시 글로 써내려가 봅니다.

책을 쓰고 나서 부모님은 부쩍 꽃에 관심이 더 많아지셨습니다. 두어 달에 한 번은 종종 서울에 오시곤 하는데 작년 겨울에는 엄마가 작은 언니 집에 들렀다가 근처의 화원에서 수선화와 튤립 구근을 사갔습니다. 다양한 종류의 식물을 구경하는 엄마의 얼굴이 아직도 눈에 생생합니다. 환갑을 바라보고 있는 나이지만 엄마의 생기 가득한 얼굴과 호기심 어린 눈길이 무척 사랑스러워 보였습니다.

그때가 12월쯤이었는데 소녀처럼 설레는 마음으로 구근을 사서 포항 집으로 돌아간 엄마는 구근을 땅에 심고 잎이 올라와 꽃망울이 맺힐 때까지, 그 애틋하고 보람찬 과정을 수시로 핸드폰 카메라로 찍어 가족 채팅방에 올려주곤 했습니다. 2G폰을 십여 년 동안 쓰시던 엄마가 그 무렵 스마트폰으로 바꾸시면서 처음으로 채팅 앱을 알게 되었는데, 하루가 멀다 하고 자라나던 구근의 새싹들을 보내줬던 기억이 납니다. 제가 본가에 잘 내려가지 못하니 엄마가 핸드폰으로 직접 찍어서 보내주신 정원 사진들이 많은데요, 전문가의 작품은 아니지만 저에겐 언제나 손색없이 멋지고 예쁜 사진이에요.

사진 속에서 만발한 해바라기와 백일홍은 4월쯤 씨앗을 사서 부모님 집으로 보내드렸는데 해바라기는 늦여름까지 씩씩한 얼굴을 비치고, 백일홍도 늦가을까지 피어 제 몫을 다 하고 한 해를 마무리했어요. 농작물에 뿌리고 남은 퇴비를 해바라기와 백일홍에 뿌려줘서인지 제가 생각한 해바라기의 아기자기한 모습은 온데간데없이 담장보다 더 높이 꼿꼿하게 얼굴을 내밀고 있던 모습이 생각나네요.

마당 한쪽에는 십 년 전부터 키우던 매화나무가 한 그루 있어요. 소복하게 쌓인 눈꽃처럼 새하얀 매화꽃이 활짝 피었을 무렵 본가에 가서 찍은 사진입니다. 이 꽃이 지고 나면 열매가 맺히고, 부모님이 그 열매로 맛있는 매실장아찌와 매실청을 담그면, 저도 한 통을 얻어 한 해를 보냅니다.

산딸기는 5월에 꽃을 피우고 6월에는 열매를 맺습니다. 어느 봄날 여느 때와 마찬가지로 엄마가 정원의 산딸기 사진을 보내줬는데 그 열매의 모습이 너무나 싱그럽고 탐스러워 보여 인스타그램에 올리고 싶어졌어요. 그래서 지나가는 말로 "엄마~ 지금 찍은 산딸기 사진, 식탁에 흐트러진 모습으로 한 번 더 찍어줄 수 있어?"라고 말했더니, 몇 분 뒤에 도착한 사진 한 장. 사진 속 산딸기의 모습은 우리 엄마도 인스타그램 계정 하나 만들어줘야 하나 싶을 정도로 계절이 담긴 멋진 사진이었습니다.

GARDENING AT HOME

백일홍 화병 꽂이

―

화단에 핀 가지각색의 백일홍 한 묶음과 핑크색 플록스, 그리고 도라지꽃과 벌개미취 등 정원 곳곳에 핀 꽃을 한 움큼 꺾어 유리 화병에 꽂아보았습니다.

INGREDIENTS

백일홍, 플록스, 도라지꽃, 벌개미취(코리안데이지)

HOW TO MAKE

1. 준비한 소재의 아래쪽 줄기에 붙은 잎을 깨끗이 제거해주세요.
2. 화병을 깨끗이 씻고 신선한 물로 채워줍니다.
   화병에 물을 담을 때 생화 수명연장제를 함께 넣어줍니다.
3. 줄기의 잎을 제거한 꽃의 줄기를 깨끗한 꽃 가위나 칼을 활용해 사선으로 잘라줍니다.
4. 먼저 플록스를 꽂습니다.
5. 그 다음으로 꽃머리가 큰 백일홍을 중심에 맞춰주고, 도라지꽃과 벌개미취를
   종류별로 얼굴이 잘 보이도록 화병에 꽂아줍니다.
6. 유리 화병일 경우 시계 방향 혹은 한 방향으로 꽃대를 꽂아주어야
   잘 정돈된 모습으로 화병 꽂이를 완성할 수 있습니다.

ZINNIA

SESAME FLOWER

참깨 꽃 화병 꽂이
—

밭둑을 산책하던 중 벌들이 바쁘게 움직이는 소리가 들려 고개를 돌려보니 참깨밭에 하얀 꽃이 몽실몽실 피어 있었습니다. 밭을 가득 메운 참깨 꽃은 이제 끝 무렵인지 막 꽃이 가득 피어 있는 줄기도 있고 이미 꽃잎이 만개해 흐드러진 줄기도 있었어요. 그 중에서 아직 생생한 참깨 줄기를 꺾어 집으로 가지고 와 화병에 꽂아보았더니 수수하면서도 청순한 느낌의 센터피스가 완성되었습니다.

부엌에서 일하시던 엄마가 웬 참깨를 이렇게 꺾어왔냐며 나무라셨지만 사진을 찍고 있는 저를 보시고 뚝딱 참깨 강정을 만들어 내오시고는 꽃과 잘 어울릴 것 같다고 하십니다.

INGREDIENTS
참깨 꽃 1묶음

HOW TO MAKE
1. 화병을 깨끗이 씻고 신선한 물로 채워줍니다.
화병에 물을 담을 때 생화 수명연장제를 함께 넣어줍니다.
2. 참깨 줄기 아래쪽의 잎을 깨끗하게 제거한 뒤 꽃가위나 꽃칼을 이용해 줄기를 사선으로 잘라줍니다.
3. 기본 나선형 꽂이(27페이지 참고)와 같은 방법으로 하나씩 채워주면 완성됩니다.

FLOWERS ON MY WAY

CHAPTER 04

NEW YORK, NEW YORK

일 년 전, 차갑고 낯설었던 뉴욕의 공기는 저에게 또 다른 시작이자 도전이었습니다.

첫 책《플라워 컴 투 라이프》를 내고 나서 스스로 많은 고민이 생겼습니다. 책 출간을 계기로 이곳저곳에서 문의가 오기도 하고, 꽃에 관해서 물어보는 사람들도 있고, 부족하지만 그동안 혼자서 터득한 노하우를 강연이나 플라워 클래스를 통해 공유하기도 하고…. 그때마다 마음 한편에서는 이런 의문이 들곤 했습니다. "나는 플로리스트가 아닌데 내가 이분들에게 잘 알려주고 있기는 한 걸까?"

지난 10년 간, 그래픽 디자이너로서 주로 컴퓨터 앞에 앉아 밤낮으로 로고나 포스터 디자인 작업을 하던 저의 일상은 불과 일 년 사이에 완전히 달라졌습니다. '꽃이 좋고, 꽃과 함께 하는 지금의 하루하루가 정말 행복한데 좀 더 깊이 공부해보는 건 어떨까?' 그렇게 2016년 12월, 한 달 간의 고민 끝에 뉴욕으로 가기로 결심했습니다.

사실 런던에서 어학연수를 하던 시절, 그곳에 '맥퀸 플라워 스쿨'이라는 유명한 플라워 스쿨이 있다는 것을 알고 있었습니다. 전에도 살았던 곳이니 조금은 익숙한 도시에서 수업을 받는 것이 더 수월할 수도 있었지만 저는 새로운 도전을 하고 싶었습니다. "새로운 곳, 새로운 사람들과 나의 2017년을 시작해보는 거야." 그렇게 뉴욕이라는 도시가 제 삶에 찾아왔습니다.

저에게 비행은 긴장과 설렘 그리고 두려움이에요. 공항에 가는 길은 언제나 즐겁고 설레지만, 막상 비행기를 타고 자리에 앉아 비행기가 서서히 이륙을 준비할 때쯤 저는 두 손을 모아 기도를 하곤 합니다. 이 비행기가 안전하게 큰일 없이 목적지에 착륙할 수 있도록 아주 간절히 저만의 의식을 치르죠. 그 사이 비행기는 하늘을 향해 거침없이 날아가고 어느새 저는 하늘 위에서 작디작은 발 아래 세상을 맞이합니다. 그렇게 한참의 시간이 흘러 비행기가 뉴욕에 가까워질 때쯤 저의 가슴이 쉼 없이 뛰기 시작했습니다. "이곳일까! 내가 그토록 원하고 갈망하고 목말라했던 사랑하는 미드 속 '캐리'의 고향!"

JFK 공항에 도착해 맨해튼으로 가는 동안 차창 밖은 뉴욕 그 자체였습니다. 높은 빌딩과 뉴욕의 상징 옐로우캡 택시까지 '정말 내가 뉴욕에 왔구나' 싶었습니다. 우선 며칠 동안 호텔에서 지내면서 두 달간 공부를 하면서 지낼 수 있는 스튜디오를 알아보기 시작했습니다. 부동산 중개인을 통해 집을 여섯 군데 정도 봤는데, 어떤 곳은 넓지만 치안이 안 좋은 동네였고, 어떤 곳은 집의 구조도 치안도 좋았지만 가격이 터무니없이 비쌌습니다.
계속해서 호텔에서 지낼 수는 없었으므로 저는 마음이 급해졌습니다. '오늘은 제발 부탁드려요. 제발 마지막으로 보는 이곳이 부디 저의 마음에 쏙 들기를⋯.' 그렇게 차를 타고 도착한 곳은 제가 다니게 될 플라워 스쿨과 걸어서 5분 거리에 있으면서, 붉은 벽돌로 지어진 전형적인 뉴욕의 오래된 아파트였습니다. 계단을 올라가니 3B라고 적힌 문이 보였는데, 회색 문에 금테로 아파트 호수가 적혀 있는 것을 보니 왠지 느낌이 예사롭지 않았습니다. 문을 열고 들어가니 실내는 7평 정도의 작은 원룸이었는데, 세월의 흔적이 고스란히 느껴지는 나무 바닥에 벽은 따뜻한 색감의 붉은 벽돌로 마감되어 있었습니다. 제 시선이 부딪치는 곳마다 포근한 분위기를 간직하고 있어 마치 오래 전부터 제가 살았던 곳 마냥 아늑한 느낌이었습니다.
"Hello! West 12 Street. 두 달 동안 나를 잘 부탁해!"

FLOWERS ON MY WAY

집을 계약하고 얼마 지나지 않아 플라워 스쿨의 겨울 시즌 수업이 하루 앞으로 다가왔습니다. 자려고 침대에 누웠는데 이런저런 생각들로 마음이 싱숭생숭했습니다. 저는 평소 낯가림이 심해 사람들과 쉽게 친해지지 못하는 성격이라 내일 마주칠 낯선 이들과의 만남이 설레기도 하고 걱정이 되기도 해서 머릿속이 뒤죽박죽이었죠. 이런 제 마음을 알아주지 않은 채 무심한 시곗바늘은 점점 아침이 시작하는 7이라는 숫자로 서서히 가까워졌습니다.
다음날, 침대에서 좀 더 늦장을 피우다간 시작부터 엉망이 될 것 같아 마음을 가다듬은 채 서둘러 준비한 뒤 집을 나섰습니다. 빠른 걸음으로 걸으면 학교까지 5분 정도의 시간밖에 안 걸리는 거리이지만, 혹여 제가 제일 먼저 도착하게 될까봐 일부러 천천히 걷기 시작했죠. 그래도 10분 뒤면 도착하는 길이었습니다.

드디어 학교 앞! 문을 열고 들어가니 다행히 제가 제일 먼저 도착한 학생은 아니었습니다. 먼저 도착한 학생들이 테이블 곳곳에 앉아 기대감과 설렘 가득한 표정으로 수업을 기다리고 있는 듯 보였고 저도 얼른 자리를 찾아 앉았습니다. 테이블 위에는 앞치마, 노트, 수업 자료 그리고 꽃칼과 가위가 있었는데 나머지는 익숙한 도구였지만 꽃칼은 생소했습니다. 네 명의 학생이 한 개의 테이블을 함께 사용했는데 제가 앉은 테이블에는 뉴요커 한 분과 홍콩과 러시아에서 온 분들이 있었습니다. 마침내 수업이 시작되었고, 저의 첫 플라워 스쿨 도전도 시작되었습니다.

NEW YORK, NEW YORK

FLOWERS ON MY WAY

NEW YORK, NEW YORK

뉴욕에서 하루하루 플라워 수업을 들으면서 그동안 알지 못했던 다양한 내용을 터득하고 배울 수 있었는데요, 지금 생각해보면 하루하루가 정말 특별했습니다. 그 중에서도 아직까지 선명한 기억으로 남아 있는 수업은 뉴욕의 꽃시장에 직접 가서 100달러의 예산으로 '웨딩 시리즈 디자인(부케, 부토니에, 테이블 센터피스)'을 만들어 보는 것이었습니다.

뉴욕의 꽃값은 정말 비쌌습니다. 한국의 꽃 가격과 비교했을 때 거의 두 배 이상 차이가 난다고 생각하면 됩니다. 한국에서도 10만 원으로 세 가지 바리에이션을 만들려면 걱정이 이만저만이 아닐 텐데 뉴욕에서 이걸 만들어 내야 하니 머리가 아찔했죠.

결전의 날 아침, 친구들과 꽃시장 앞 스타벅스에서 만나기로 했습니다. 꽃시장을 향해 걸어가는 내내 심장이 떨렸습니다. 누구보다 잘 만들고 싶기도 했고, 제가 만든 꽃이 정말로 누군가의 결혼식에 사용된다면 그들의 행복에 보탬이 되고 싶었습니다. 스타벅스에 도착하자 이미 친구들은 각자 준비한 플라워 리스트를 정리하느라 정신이 없어 보였습니다.

잠시 후 플라워 스쿨의 플로리스트인 칼Carl이 도착했고, 100달러가 들어 있는 봉투를 모두에게 하나씩 나눠주었습니다. 우리에게 주어진 시간은 단 두 시간! 두 시간 내에 꽃과 부자재 쇼핑을 모두 마치고 학교로 돌아와야 했죠. 그리고 나머지 한 시간은 구매한 꽃을 정리하고 오후에는 제작하는 스케줄이었습니다. 제가 사고 싶은 꽃을 다 사기엔 뉴욕의 꽃값을 감당할 수 없어 친구와 겹치는 꽃이 있으면 나누어 쓰기로 하고 꽃을 구매하기 시작했습니다.

저는 'White & Green'을 테마로 풋풋한 감성이 넘치는 '러스틱 스타일 웨딩 시리즈'를 만들겠다고 정하고 온지라 꽃을 고르는데 큰 어려움은 없었습니다. 아네모네, 아스틸베, 미니 장미, 씨슬, 베로니카, 열매 유칼립투스 등 생각해두었던 꽃을 사고 학교로 돌아와 제 인생 최고의 집중력을 발휘하며 세 가지 베리에이션으로 디자인을 마치고 집으로 돌아왔습니다. 작품 발표는 내일이었지만 마치 장수가 전쟁터에서 적을 물리치고 돌아온 것 마냥 마음이 후련했고 향긋한 와인으로 뿌듯한 하루를 마무리할 수 있었습니다.

다음날 해가 밝아오자 발표 준비를 마친 집 앞 카페에서 아메리카노를 한 잔 마신 뒤 학교로 갔습니다. 학교에 도착했을 때는 이미 모두가 분주해 보였습니다. 꽃과 함께 놓을 다양한 종류의 테이블보와 와인 잔 세트, 커틀러리, 접시 등 각자가 구상한 웨딩 콘셉트와 어울리는 테이블 세팅을 할 수 있도록 교실 한쪽에 소품이 준비되어 있었습니다. 저의 콘셉트는 숲에서 진행하는 따뜻한 웨딩이었는데, 원목 테이블의 질감을 그대로 느낄 수 있도록 따로 테이블보는 고르지 않고 소박한 은색 커틀러리와 하얀색 접시를 선택했습니다. 유창한 영어로 저의 작품을 완벽하게 설명할 수는 없었지만 마음을 다해 제가 상상한 웨딩 콘셉트와 플라워 작품을 차분하게 이야기하며 무사히 발표를 마무리할 수 있었습니다.

어느덧 시간이 흘러 학교에서의 마지막 과제가 주어졌는데, 2주 동안 뉴욕의 플라워 숍에서 인턴 생활을 경험하는 것이었습니다. 자신이 인턴으로 일할 숍을 정하기 전에 클래스 친구들과 함께 여덟 군데 정도 되는 뉴욕의 플라워 숍을 하루 동안 모두 보러 다녔습니다. 어떤 플라워 디자이너가 숍에서 일을 하는지, 그들이 지향하는 목표와 콘셉트는 무엇인지, 그리고 어떤 분위기와 환경 속에서 일하고 있는지 등을 알아보니 정말 많은 도움이 되었습니다. 그저 꽃이 좋아 프랑스에서 뉴욕으로 와서 플라워 스튜디오를 차린 팀도 있었고, 세인트 레지스St. Regis 호텔을 전담하며 호텔 곳곳을 화려한 꽃들로 디스플레이하는 스튜디오, 예술적인 디자인을 선보이는 컨템포러리 스타일의 스튜디오도 있었죠.

그중에서 저에게 맞는 플라워 숍은 어떤 곳일까, 고민에 고민을 거듭하다 '플뢰르 벨라fleurs BELLA'라는 곳을 선택했습니다. 플뢰르 벨라는 화가 샤갈의 손녀인 벨라Bella가 운영하는 플라워 숍으로 샤갈의 엽서들을 숍 곳곳에서 찾아 볼 수 있었죠. 평소에 샤갈의 그림을 좋아하고, 남프랑스에 여행 갔을 때 샤갈 박물관까지 다녀온 기억이 있어서 이곳이 마치 운명처럼 익숙하게 느껴졌습니다. 플뢰르 벨라에 아침마다 출근해 냉장고에 있는 꽃들을 매장에 진열할 때마다 제 삶도 함께 살아나는 것 같았습니다. 밤사이 고이 잠들었던 꽃들도 아침을 맞이한 저와 함께 기지개를 펴며 신선한 공기를 마시고 깨끗한 물을 들이킬 수 있었죠.

인턴으로 생활하는 2주 동안은 그 어떤 말로도 표현할 수 없을 정도로 행복했습니다. 더없이 아름답고 가치 있게 느껴지는 나날이었죠. 마침 저의 인턴 시기가 밸런타인데이와 겹쳤었는데, 수도 없이 많은 붉은 장미꽃을 뉴요커들의 집으로 배달했어요. 일은 고되고 앉아 있을 시간조차 없었지만 꽃을 배달갈 때면 항상 가슴이 뭉클해지고 눈시울이 뜨거워졌습니다. 세상에 어떤 사람이 꽃을 보고 인상을 찌푸릴 수 있을까요! 아직도 잊을 수 없는 꽃을 받아 든 이들의 행복한 미소와 감동, 그리고 예쁜 꽃을 배달해 줘서 고맙다는 감사의 인사까지. 이 모든 경험은 돈으로도 살 수 없는 값진 추억이었습니다. 가끔 늦은 오후가 가까워지면 플라워 디자이너들이 와인을 권하기도 했는데, 하루 종일 서서 꽃을 정리하고 화병을 씻고 바닥을 쓰느라 지칠 대로 지친 저에게 그들의 배려는 언제나 따뜻하고 고마웠습니다.

마침내 인턴 생활의 마지막 날이 찾아왔을 때, 정말 이곳을 떠나고 싶지 않았습니다. 2주라는 시간이 이렇게 짧을 줄이야…. 다시 생각해도 눈시울이 붉어집니다. 참, 플뢰르 벨라에는 피아노가 놓여 있었는데 꽃을 사지 않아도 누구나 찾아와 마음껏 연주할 수 있었죠. 일하다가 종종 피아노 소리가 들려서 디자이너에게 물어보면 가끔씩 와서 피아노만 치고 가시는 분이라고 합니다. 세상에 이런 곳이 있다니! 또 하나 기억에 남는 건 신선한 꽃이 들어와서 기존에 있던 꽃이 매장에서 팔기에 적절하지 않다고 생각되면, 매장 문 앞에 꽃을 가져다 놓는 일이었습니다. 지나가는 누구나 꽃을 가져갈 수 있도록 말이죠. 이러한 마음씨가 정말 따뜻하고 아름답게 느껴졌습니다. 숍의 온도와 냄새 그리고 출근하면 문 앞으로 뛰어오던 점박이 강아지 멘델까지…. 저는 플뢰르 벨라의 모든 것들을 사랑했습니다. 그리고 아직도 잊지 못하고 있죠. 어쩌면 저는 2주간 플뢰르 벨라와 사랑에 빠졌는지도 모르겠습니다.

인턴이 끝난 주에 학교에서 졸업식이 있었습니다. 시간이 이렇게 빨리 지나갈지 정말 몰랐는데, 벌써 두 달이 되었다니…. 같이 꿈을 키운 친구들과도 이제야 정이 들었고 가까워졌는데 또다시 꿈같았던 삶은 뒤로하고 우리는 각자 다시 치열한 삶 속으로 전진해야 했죠. 모두가 각자 가지고 있는 꿈을 이루기 위해 그곳에 있었고, 그 꿈에는 모두가 사랑하는 꽃이 함께 있었습니다.

FLOWERS ON MY WAY

· 플뢰르 벨라 fleurs BELLA
주소 55 E 11th St, New York, NY
웹사이트 www.fleursbella.com

SAN FRANCISCO, CALIFORNIA

뉴욕에서 플라워 스쿨을 졸업하고 한국에 바로 돌아가기가 아쉬워 샌프란시스코에서 이틀 정도 시간을 보내기로 했습니다.

샌프란시스코에 도착했을 때가 금요일 저녁이었는데 역시나 거리에는 많은 사람들로 가득했어요. 간단히 요기를 하기 위해 서둘러 숙소에 체크인을 하고 밖으로 나와 거리를 걷던 중 아늑하고 레트로한 느낌이 인상적인 칵테일 바를 발견했습니다. 그곳에 들어가 칵테일과 간단한 음식을 주문하고 시선가는 대로 가게 곳곳을 구경하고 있었는데, 친절한 바텐더 분이 설명해주시길 캘리포니아 북쪽 해변에 위치한 이 칵테일 바는 1907년에 설립되었다고 합니다. 샌프란시스코에서 '두 번째로 오래된 바'라며 연신 생기 가득한 눈을 반짝이며 설명해주는데, 제가 만나본 바텐더 중에 가장 자부심이 강해 보이고 얼마나 이 일을 사랑하는지 맑은 눈을 통해 느낄 수 있었어요. 정말 행복해 보였습니다.

샌프란시스코는 서부 해안의 뉴욕이랄까, 높은 건물과 분위기 좋은 레스토랑, 편집숍 그리고 칵테일 바 등이 곳곳에 즐비한 아주 매력적인 도시입니다. 그동안 기회가 닿을 때마다 미국의 여러 도시를 다녔는데 단 한 곳을 골라 그곳에서 평생 살아야 한다면 저는 망설임 없이 이 도시를 선택할 것 같아요.

SAN FRANCISCO, CALIFORNIA

FLOWERS ON MY WAY

SAN FRANCISCO, CALIFORNIA

다음날 일찍 일어나 간단히 준비하고 선착장이 있는 곳으로 산책을 나갔습니다. 페리 선착장에는 격일로 파머스 마켓이 열리는데, 토요일은 주말이라 그런지 사람들로 인산인해였습니다. 밖으로는 귀여운 트램이 지나가는 모습이 보이고, 페리 빌딩에는 백 년이 넘은 역사를 지닌 시계탑이 있는데 30분에 한 번씩 종이 울립니다. 빌딩 안으로 들어가면 다양한 식재료 상점, 디저트 가게가 있고 야외로 나오면 캘리포니아의 농부들이 직접 재배한 꽃과 과일, 야채를 팔고 있습니다. 천막을 치고 즉석에서 먹을 수 있는 음식들도 가득해 마켓이 열리는 거리에는 관광객들과 현지인들로 북적북적합니다. 저는 이곳에서 색이 고운 아이리스 한 단과 도자기 브랜드인 히스 세라믹에서 화병과 캔들 홀더를 구매했습니다.

오후에는 골든 게이트 파크 Golden Gate Park로 향했는데, 뉴욕에 센트럴 파크가 있다면 샌프란시스코에는 골든 게이트 파크가 있습니다. 이곳에 들르기 전까지 미국하면 떠오르던 도심 속 공원은 뉴욕의 센트럴 파크뿐이었죠. 뉴욕에서 플라워 스쿨에 다니던 2개월 동안 딱 한 번 센트럴 파크에 갔었는데, 메트로폴리탄 박물관에 들렸다가 집에 돌아오는 길에 잠깐 들러 산책을 했습니다. 그때가 2월 말이었는데 겨울이라 그런지 초록 잎사귀는 찾아보기가 힘들 정도였어요. 그런데 이곳에 오니 사방이 초록색입니다.
들판마다 모여 피어 있는 꽃도 다른데, 처음에는 활짝 핀 민들레가 가득 보이더니 조금 더 안쪽으로 들어가면 제각각의 색을 지닌 양귀비가 들판을 가득 메우고 있습니다. 살결에 부딪히는 부드러운 바람 그리고 풀벌레 소리, 맑은 하늘과 우아하게 춤추고 있는 꽃. 이 모든 게 눈이 부실만큼 아름다워서, 이 순간 사랑하는 가족과 함께할 수 없는 게 아쉬웠습니다.
가늠을 할 수도 없을 만큼 오랜 세월을 이곳에 뿌리 내리고 자라 몸통 둘레가 어마어마하던 나무는 그동안 얼마나 많은 비와 바람, 햇살, 그리고 이곳을 찾아온 사람들의 수많은 이야기를 들으며 세월을 보냈을까 생각하니 절로 숙연해지도 했어요.

SAN FRANCISCO, CALIFORNIA

공원을 산책하는 시간만큼은 마음속을 검은색으로 가득 칠해 놓은 스트레스가 지우개로 깨끗이 지워지는 기분이었습니다. 무엇 때문에 그렇게 고민하고 아파하고 나를 못살게 굴었나 싶은 생각도 들고 말이죠. 들판에 피어 있는 이름 모를 작은 꽃들은 영화 〈트와일라잇〉에서 벨라와 에드워드가 사랑을 키워 나가던 숲속의 들판처럼 햇살에 영롱한 푸른색으로 반짝였습니다.

길을 따라 쭉 걷다 보면 금문교를 볼 수 있는 길로 빠지게 되는데, 비록 가까이에서 다리를 볼 수는 없었지만 언덕배기에 올라갔을 때 보이는 붉은색의 금문교는 이곳이 샌프란시스코라는 걸 다시 한 번 상기시켜주었습니다. 번화한 다운타운 구경도 좋지만 걷는 것만으로도 몸과 마음이 가벼워지고 싶다면 시간을 내어 골든 게이트 파크에 와보시는 것은 어떨까요.

· 컴스탁 살룬 Comstock Saloon
주소 155 Columbus Ave, San Francisco
웹사이트 comstocksaloon.com

· 페리 플라자 파머스 마켓 Ferry Plaza Farmer's Market
주소 One Ferry Building #50, San Francisco
웹사이트 www.ferrybuildingmarketplace.com/farmers-market

· 히스 세라믹 Heath Ceramics
주소 Ferry Building, San Francisco Bay Trail #12, San Francisco
웹사이트 www.heathceramics.com

· 골든 게이트 파크 Golden Gate Park
웹사이트 goldengatepark.com

SAN DIEGO, CALIFORNIA

6월 말쯤 도착한 샌디에이고는 매일이 흐리고 자욱한 안개가 생겨서, 수평선 너머의 바다를 보기 힘든 날씨였습니다. 캘리포니아는 따뜻할 거라는 기대와는 다르게 종종 비도 촉촉하게 내리고 밤에는 재킷을 입어야 산책을 할 수 있을 정도로 쌀쌀했어요. 바다를 본다는 기대에 부풀어 여름옷을 잔뜩 챙겨왔는데 입을 수 있는 옷이 얼마 없을 정도였습니다.

하지만 그럼에도 불구하고 이번 여행이 정말 좋았던 것은 샌디에이고 사람들이 얼마나 해양 동물에 관심이 많고 그들을 보호하며 함께 자연을 공유하며 살아가는지 알게 되었기 때문입니다. 언덕 너머 세월의 흔적으로 깎인 바위 위에는 바다사자 무리들로 가득했는데, 갓 낳은 새끼 바다사자도 보이고 덩치가 어마어마하게 큰 수컷 바다사자나 막 바다에서 사냥을 하고 돌아와 새끼를 돌보는 암컷 바다사자까지 동물원에 가야 만날 수 있었던 야생 동물을 눈앞 가까이에서 보느라 추위는 금세 잊고 말았습니다.

여행 장소로 샌디에이고를 선택한 가장 큰 이유는 라호이아 La Jolla 언덕을 산책하고 싶어서였어요. 인스타그램에서 자주 접했던 야생화 들판이 너무 궁금했었거든요. 구글맵을 켜고 라호이아 언덕을 한참 찾았을까요? 기대한 야생화 무리가 보이지 않아 이리저리 찾고 있는데, 저 멀리 절벽쯤에 다다르자 스타시스처럼 보이던 보라색의 야생화와 곳곳에 있던 선인장, 그리고 데이지처럼 보이던 꽃들이 마치 절벽에 수를 놓은 것처럼 펼쳐져 있었습니다. 만개 시즌이 지나서 꽃잎이 떨어진 가지가 많았지만 그래도 이 순간을 기억하고 싶어 열심히 카메라 셔터를 눌렀죠.

기회가 된다면 봄에 다시 이곳을 찾아와 끝없이 펼쳐진 만개한 꽃들을 보고 싶어요. 상상만 해도 미소가 지어집니다.

SAN DIEGO, CALIFORNIA

FLOWERS ON MY WAY

· 라호이아 La Jolla, San Diego
웹사이트 lajollabythesea.com

PALM SPRINGS, CALIFORNIA

따뜻한 기온을 생각하고 갔던 샌디에이고의 날씨가 생각보다 너무 쌀쌀해서 다른 장소로 이동해야겠다는 생각이 간절히 들었습니다. 고민을 하던 중 문득 머리를 스쳐가는 한 장의 그림이 떠올랐어요. 바로 데이비드 호크니David Hockney의 〈더 큰 첨벙!A Bigger Splash〉. 시원하고 비비드한 컬러의 그림이요! 지금 저에겐 그런 뜨거운 햇살과 시원한 풀장이 그리웠나 봅니다. 찌는 듯한 뜨거움을 느끼며 차로 두어 시간 조금 넘게 운전해야 갈 수 있는 팜 스프링스는 캘리포니아의 사막 도시 코첼라 계곡에 자리 잡은, 산과 사막으로 둘러싸인 곳입니다. 친구와 이런저런 상의 끝에 팜 스프링스로 출발! 사막하면 흔히 넓은 황야에 모래 바람이 불고 듬성듬성 키가 높은 삼지창 모양의 사와로 선인장이 생각날 텐데요. 하지만 이곳 팜 스프링스는 가장 현대적이고 스타일리시한 모습의 사막 도시였어요. 물론 제가 알고 있던 캘리포니아의 모습과도 확연히 다른 모습이었습니다.

줄지어 있는 야자나무 거리와 격식에 매여 있지 않지만 우아하고 선이 깨끗한 낮은 천장의 건축물, 잘 정돈된 잔디밭과 가든 곳곳에 심겨 있는 다육식물 그리고 연중 내내 화창한 햇살까지. 평생 한 번도 접해보지 않았던 그 뜨겁고 건조했던 팜 스프링스의 공기는 아직도 제 살갗에 생생히 느껴지는 듯합니다.

숙소에 체크인을 하고 다시 차를 몰고 나와 무어텐 선인장 가든Cactarium at Moorten Botanical Garden에 도착했습니다. 무어텐Moorten 가족이 운영하는 이곳은 전 세계의 아름답고 특이한 사막 식물들로 가득했는데 입장료로 지불한 5달러가 전혀 아깝지 않을 정도였어요. 아주 작은 선인장부터 하늘을 찌를 듯한 높이의 키가 큰 선인장까지 그 종류가 너무 많아서 사진에 다 담아내기도 벅찼던 기억이 납니다. 선인장을 좋아하는 분들이라면 이곳에 들러 산책로를 따라 길을 걸으며 잠시나마 휴식을 취해보는 것도 좋을 것 같습니다.

PALM SPRINGS, CALIFORNIA

PALM SPRINGS, CALIFORNIA

· 무어텐 선인장 가든 Cactarium at Moorten Botanical Garden
주소 1701 S Palm Canyon Dr, Palm Springs
홈페이지 moortenbotanicalgarden.com

FLOWERS ON MY WAY

짧았던 팜스프링에서의 일정을 마치고 돌아오는 길 곳곳에서 마주친 키가 작은 선인장,
Cylindropuntia bigelovii cactus(아래 사진).

ALBA, ITALY

'Slow Food Life'가 있는 곳, 알바. 봄이 시작되기 전 늦겨울에 이곳을 찾았습니다. 알바는 올림픽으로 유명한 토리노에서 차로 한 시간이면 도착하는 랑게Langhe 지역의 중심부에 위치해 있는 도시로, 옛 모습이 그대로 잘 보존되어 있어 유네스코에 등록된 도시이기도 합니다. 흔히 이탈리아하면 다들 로마Rome나 토스카나Toscana 지역을 가장 먼저 떠올리지만, 그에 못지않게 매력적인 알바가 있는 북쪽의 피에몬테Piedmont 지역은 화이트 트러플, 복숭아, 와인 그리고 '슬로우 푸드'로 정말 유명한 곳입니다.

이 세 가지 중에서 저는 와인에 가장 관심이 많은데요, 이 지역에서 가장 잘 알려진 와인으로는 '바롤로'와 '바르바레스코'를 들 수 있어요. 두 와인 모두 네비올로라는 포도 품종으로 만든 것인데, 둘 다 정말 맛이 좋지만 제 취향에는 조금 더 가벼운 맛을 지닌 바르바레스코가 더 맞았습니다. 알바의 레스토랑에 가보면 메뉴에 실린 와인과 음식을 즐거운 표정으로 열심히 설명해주는 직원들 덕분에 이곳 사람들이 얼마나 음식과 와인을 사랑하며 살고 있는지 느낄 수 있습니다. 알바의 음식은 사실 양념을 많이 하기보다는 재료 본연이 가지고 있는 맛을 추구하는 '자연 그대로의 맛'입니다. 사실 처음에는 좀 더 스파이시하고 풍미 가득한 음식을 기대하기도 했지만, 알바에 온 덕분에 색다른 경험과 맛을 이해할 수 있게 된 것 같아요.

알바에 가면 와이너리 투어, 현지 쿠킹 클래스, 트러플 헌팅 등 흥미롭고 다양한 투어를 경험해볼 수 있습니다. 저는 강아지와 함께 숲에서 트러플을 찾는 '트러플 헌팅'에 관심이 있어서, 예약을 하기 위해 여러 군데 알아보기도 하고 메일도 보내봤지만 겨울이라 투어에 참여할 수 없었습니다. 너무 아쉬운 마음에 기회가 된다면 봄이나 여름에 꼭 다시 와봐야겠다고 생각했어요.

알바의 거리에서 열리는 마켓은 지역 특산물과 다양한 소품을 주로 팔고 있었는데 역시나 이곳에서도 꽃은 빠지지 않았습니다. 버킷에 담긴 꽃들 중 유독 튤립이 눈에 띄게 예뻐서, 몇 송이를 사서 숙소로 돌아와 물잔에 꽂아두었어요. 여행을 가면 이동하는 날이 많아서 그 지역에서 직접 꽃을 사보기는 쉽지 않은데, 막상 몇 송이를 사서 며칠이라도 함께 지내보면 정말 좋은 추억으로 남게 되는 것 같아요. 비록 저는 일정이 끝나 이곳을 떠나게 되더라도 꽃은 그곳에 남아 오래오래 저의 흔적을 기억할 수 있으니까요.

· 트러플 헌팅 프로그램
온라인에서 'Half-Day Truffle Hunting and Tasting Tour in Piedmont'를 검색하여 예약.
약 3시간 소요. 시즌에 따라 예약이 불가능한 시기도 있음.

· 메르카토 델라 테라 마켓 Mercato Della terra Market
Piazza Elvio Pertinace, 12051 Alba CN, Italy

HANOI, VIETNAM

하노이에 오기 전까지 동남아 여행을 한 번도 가본 적이 없었던 터라 이곳에 도착했을 때 가장 먼저 이국적인 분위기가 압도적으로 느껴졌습니다. 베트남의 수도인 하노이는 건축 양식이 무척 독특했는데, 유럽과 아시아의 스타일이 절묘하게 공존하고 있었어요. 창문은 대부분 프렌치도어 스타일로, 테라스에 화분을 놓아두는 집들이 자주 보였습니다. 겨울에 도착해서인지 비도 자주 오고 날씨가 쾌청하지는 않았지만 도시를 가로지르는 오토바이 부대가 끊임없이 경적을 울리며 바쁘게 지나다녀서 이곳이 '베트남'이란 걸 각인시켜주는 듯했지요.

어느 곳에 숙소를 잡을지 고민에 고민을 거듭하다 시내에서 조금 떨어진 호수 근처로 정했습니다. 하노이의 야시장이나 유명한 관광지를 쉽게 가고 싶다면 시내에 숙소를 얻는 게 편리하겠지만, 저는 시내에서 차로 10~15분 정도 들어와야 하는 번거로움에도 불구하고 이곳에서 시작하는 매일 아침이 좋았습니다.

고요한 테라스에 앉아 잔잔한 호수를 바라볼 수도 있고 이른 아침이면 지저귀는 새소리에 잠에서 깨기도 했어요. 하루는 이른 아침 테라스에 나와 커피를 마시고 있는데 호수 건너편이 무척 분주해 보였어요. 반대편이 보일 정도로 시력이 좋지는 않아 어떤 곳인지 자세히 알 수는 없었지만, 시간이 지날수록 점점 많은 사람들이 몰려와서 호기심이 생겼습니다. 도저히 궁금함을 참을 수 없어 직접 가봐야겠다는 생각에 대충 옷을 챙겨 입고 호수로 발걸음을 옮겼습니다. 목적지가 점점 가까워질수록 이곳이 쌀국수를 파는 곳이란 걸 알 수 있었는데, 현지인들이 아침을 먹기 위해 길게 줄을 서서 기다리고 있었어요. 저도 그 줄에 맞춰 기다리다가 드디어 자리를 잡았습니다. 목욕탕 의자 같은 낮은 플라스틱 의자에 높이가 낮은 테이블이 놓여 있었어요. 통하지 않는 언어로 간신히 쌀국수 한 그릇을 주문했습니다. 이 국수가 하노이에 도착해 처음 먹어보는 쌀국수였는데 그 맛으로 말할 것 같으면, 한 수저 한 수저 국물을 뜰 때마다 눈물이 날 지경이었습니다. 깊고 깔끔한 육수에 잘 익은 국수의 맛. 사실 겉으로 보기에는 별거 안 들어간 것처럼 보였는데 막상 먹어보니 그 가늠할 수 없는 깊은 맛이야말로 제가 먹어본 쌀국수 중에 단연 최고가 아니었나 싶어요. 게다가 1500원 정도의 저렴한 가격에 이렇게 맛있는 국수를 먹을 수 있다니, 여행을 다녀온 후 만난 친구들에게 이 쌀국수 이야기는 꼭 해주곤 한답니다.

FLOWERS ON MY WAY

하노이 시내를 걷다 보면 심심치 않게 꽃가게를 찾아볼 수 있어요. 세련된 인테리어로 꾸며진 가게는 아니었지만 이곳 사람들이 꽃을 정말 좋아한다는 것만은 느낄 수 있었습니다. 문득 하노이의 플라워 마켓은 어떤 모습일지 궁금해지기 시작했죠. 구글에 검색을 해보니 마켓이 숙소에서 그리 멀지 않은 곳에 위치해 있다는 것을 알게 되었습니다. 얼른 카메라를 챙겨 친구와 플라워 마켓으로 향했습니다. 마켓에 가까워질수록 무게가 가늠되지 않을 정도로 어마어마한 양의 꽃을 자전거에 실어 나르는 작은 체구의 여인들을 볼 수 있었는데 저 많은 꽃은 어디로 가서 누구의 품에 행복을 안겨줄지 혼자 생각에 잠기기도 했습니다.

이윽고 하노이 플라워 마켓에 도착했습니다. 이날은 날씨가 흐려서인지 아니면 시간이 정오가 넘어서인지 사람들로 붐비지는 않았는데, 비교적 여유롭고 차분한 분위기였습니다. 누구 하나 서로 자기 꽃을 사가라며 호객을 하는 사람들도 없었고 그저 자기 일을 묵묵히 하고 있었죠. 하노이의 플라워 마켓은 한국의 플라워 마켓에서도 쉽게 찾아볼 수 있는 꽃들이 많았는데, 유독 눈에 띈 꽃이라면 장미입니다. 색의 종류도 다양했지만 수요가 많아서인지 가게마다 장미를 수북이 쌓아놓고 팔고 있었어요. 마켓 구경을 마치고 다시 숙소로 돌아가던 중 버려진 장미가 눈에 띄었습니다. 누군가의 삶에 찾아가 그 몫을 다하고 버려진 장미조차 제 눈에는 귀중해 보여 사진으로 남겨두었습니다.

FLOWERS ON MY WAY

저는 여행을 가기 전에 가장 우선순위로 두는 테마가 꽃과 음식입니다. 정말 많은 시간을 정원이나 공원, 레스토랑과 칵테일 바 그리고 카페를 찾는 데 소모하는 편이에요. 이번에도 역시나 제가 좋아할 만한 장소를 종일 찾아다니던 중 정말 제가 원하는 모든 것이 고스란히 녹아 있는 멋진 곳을 발견하게 되었어요. 바로 '우담차이 Uu Dam Chay'입니다. 이곳은 베트남 음식을 좀 더 현대적으로 재해석한 베지테리언 레스토랑인데 모던하면서도 오리엔탈적인 요소를 공간 곳곳에 잘 표현한 아주 근사한 레스토랑이에요. 소품 하나하나가 예쁘고 플레이팅조차 아름다워 제 입안으로 음식을 넣기가 미안할 정도였습니다. 몇 가지 음식을 종류별로 주문하고 가게 곳곳을 구경하는데 역시나 식물이 공간 연출에 엄청난 영향을 끼치는 것 같았어요. 천장에는 다양한 종류의 행잉 플랜트가 걸려 있고 벽 한쪽 면은 토기 화분에 담긴 식물로 가득 채워놨는데 이곳에 식물이 없었다고 생각하면 지금의 분위기가 상상이 되지 않을 정도로 식물이 채워주는 따뜻한 에너지는 대단하게 느껴졌습니다.

하노이는 제가 생각한 것보다 훨씬 더 세련된 모습이었고 꽃과 식물을 사랑하는 사람들이 살고 있는, 이 도시만의 매력이 가득한 곳이었습니다. 기회가 된다면 이곳에 꼭 다시 와야겠다고 생각했어요. 무엇보다 음식이 너무 맛있어서 아직도 잊을 수가 없답니다.

· 하노이 플라워 마켓 Quảng An Flower Market
주소 Quảng An, Tây Hồ, Hanoi, Vietnam
웹사이트 quang-an-flowers-market.business.site

· 우담차이 Uu Dam Chay (vegetarian restaurant)
주소 34 Hàng Bài, Hoàn Kiếm, Hà Nội, Vietnam
웹사이트 uudamchay.com

· 더 드리머 The Dreamers (Home decor store)
주소 1A Âu Cơ, Quảng An, Tây Hồ, Hà Nội, Vietnam

LOS ANGELES, CALIFORNIA

L.A.는 곳곳이 활력 넘치고 살아 있는 듯한 도시입니다. 대표적인 한군데를 골라 이 도시의 매력을 설명하기가 힘들 정도로 지역마다 가지고 있는 분위기가 색다른 곳이지요.
베니스비치Venice beach, 맨해튼비치Manhattan Beach, 산타모니카Santa Monica, 실버레이크Silverlake, 헐리우드Hollywood 등 제가 거쳐간 지역에서 만난 사람들의 감성과 삶도 저마다 독특해 보였습니다. 베니스비치와 맨해튼비치에는 해변에서 휴식을 취하는 사람들로 가득했습니다. 산타모니카는 신선한 공기를 마시며 조깅하는 사람들과 요가를 하는 사람들을 종종 볼 수 있었는데, 하나같이 무척 여유로워 보였죠. 반면 실버레이크는 힙한 지역인만큼 젊고 트렌디한 분위기의 카페와 레스토랑 등 젊음을 느낄수 있는 곳이었습니다.

L.A.의 거리는 다양한 색의 꽃이 핀 나무들로 가득했는데 이 나무들이 도시의 감성을 채워주는 듯했습니다. 돌이켜 생각해보면 L.A.에서 가장 기억에 남았던 건 나무들이었습니다. 어느 도시를 가도 이곳만큼 많은 꽃들을 거리에서 보진 못한 것 같아요.

· 그라시아스마드레 Gracias Madre (Mexican Restaurant)
주소 8905 Melrose Ave, West Hollywood, CA 90069, USA
웹사이트 graciasmadreweho.com

· 버브커피 Verve Coffee Roasters
주소 8925 Melrose Ave, West Hollywood, CA 90069, USA
웹사이트 www.vervecoffee.com

LOS ANGELES, CALIFORNIA

· 더부쳐스 도터 The Butcher's Daughter (vegetarian restaurant)
주소 1205 Abbot Kinney Blvd, Venice, CA 90291, USA
웹사이트 www.thebutchersdaughter.com

· 블러썸 베트남 레스토랑 BlossomVietnamese Restaurant
주소 4019 Sunset Blvd, Los Angeles, CA 90029, USA
웹사이트 www.blossomrestaurant.com

· 인텔리젠시아 커피 Intelligentsia Coffee Silver Lake Coffeebar
주소 3922 Sunset Blvd, Los Angeles, CA 90029, USA
웹사이트 www.intelligentsiacoffee.com/silver-lake-coffeebar

첫 책《플라워 컴 투 라이프》출간과 '만 원으로 꽃다발 만들기 프로젝트'를 끝내고 나니 저는 꽃에 대해서 좀 더 알고 싶어졌습니다. 꽃이라는 생명체는 알면 알아갈수록 신비했습니다. 이 꽃이 무엇을 좋아하는지 혹은 무엇을 싫어하는지, 집에서도 어떻게 하면 내가 좋아하는 꽃과 좀 더 잘 지낼 수 있을지 등이 궁금했죠. 예전에는 주로 혼자서 꽃다발만 열심히 만들어보곤 했기 때문에 공간에 꽃을 장식할 때 어떻게 해야 하는지, 화병에는 꽃을 어떻게 꽂아야 하는지 등에 대해서는 모르는 부분이 더 많았습니다.

꽃으로 집이나 공간을 장식하는 일이 아직 어렵게 느껴진다면, 우선 한 가지 종류의 꽃을 정해 부담 없이 다루어보세요. 한 종류의 꽃만 예쁘게 꽂아놓아도 집안은 충분히 화사해집니다. 집에 놓은 꽃은 비록 단 몇 주간 함께 생활을 할 뿐이지만 그 시간 동안 식물이 주는 에너지와 힘은 참 대단합니다.

꽃시장에 꽃을 사러 가는 길은 언제나 설렘으로 가득합니다. 바삐 움직이는 사람들 속에서 제 눈에 쏙 들어오는 꽃을 고르는 일은 즐겁습니다. 집에 돌아와서는 마치 시간이 멈춘 것처럼 꽃을 정리하고 컨디셔닝하는 일에 집중합니다. 그 시간 속에서 존재하는 것은 온전히 꽃과 나, 우리 둘뿐입니다.

EPILOGUE

이렇게 깨끗하게 다듬은 꽃을 집에 있는 평범한 유리 화병에 담아놓기만 해도 하루가 좋은 에너지로 가득 차는 것 같아요. 꽃을 사와서 다듬고 또 꽂는 순간만큼은 오롯이 꽃에만 집중을 해야 하니 어지러운 생각이 나거나 힘든 일이 있으면 일부러 꽃시장을 찾아가기도 하죠.

혼자 지내다 보니 저희 집은 음악이나 생활 소음이 나지 않으면 오로지 정적이 흘러서, 적막하고 차가운 인상을 주는 편입니다. 이럴 때 화병을 깨끗이 씻고 신선한 물을 담은 뒤, 내가 좋아하는 꽃들을 채워 테이블 한쪽이나 스툴에 올려놓으면 그 적막하던 분위기가 금세 사르르 녹아내립니다. 꽃이 주는 따스한 기운이 집안 곳곳을 채워주는 것 같아요. 그리 크지 않은 집이어서 무슨 일을 하든지 한 번씩 꽃과 시선이 부딪히게 되는데, 시선이 닿을 때마다 저절로 입가에 미소가 지어집니다.

이 책을 보시는 모든 분들의 일상이 꽃과 함께 좋은 에너지와 행복으로 가득하기를 바랍니다. 꽃과 식물을 사랑하는 가족이 있어서 더 풍부한 이야기를 할 수 있었어요. 우리 가족에게 감사한 마음을 꼭 전하고 싶습니다.